NEGOCIO EN LÍNEA

3 Manuscritos - Ingresos Pasivos,
Amazon FBA Para Principiantes,
Marketing De Afiliación

Mark Smith

INGRESOS PASIVOS

Pasos y Estrategias Comprobadas para Ganar Dinero Mientras Duerme

Mark Smith

Los autores respectivos son dueños de todos los derechos de autor que el editor no posee.

La información aquí contenida se ofrece únicamente con fines informativos, y es universal como tal. La presentación de la información es sin contrato ni ningún tipo de garantía.

Las marcas comerciales que se utilizan no tienen ningún consentimiento, y la publicación de la marca comercial no tiene permiso ni respaldo del propietario de la marca comercial. Todas las marcas comerciales y marcas de este libro son únicamente para fines de aclaración y son propiedad de los propietarios, no están afiliados a este documento.

Table de Contenidos

Introducción

Quiero darle las gracias y felicitarlo por comprar el libro *"Ingresos pasivos: pasos y estrategias comprobados para ganar dinero mientras duerme"*.

Este libro contiene pasos y estrategias comprobadas sobre cómo ganar dinero extra sin tener que depender de su trabajo diario. En una época en la que las economías se están derrumbando y se están perdiendo empleos, debe encontrar nuevas formas de aprovechar su tiempo para ganar ese dinero extra. La idea de obtener un ingreso secundario es el camino a seguir, y ahora puede aprovechar la tecnología avanzada disponible para ganar dinero en internet. El ingreso pasivo no es la ola del futuro, ya está arrasando en todo el mundo en este momento.

Lo primero que le enseñará este libro es qué es realmente el ingreso pasivo. Hay muchas personas que tienden a tener una idea equivocada sobre lo que realmente significa ingreso pasivo. A medida que lea este libro, se encontrará con algunas preguntas verdaderamente pertinentes pero reveladoras sobre su estrategia de ingresos pasivos. Sea honesto y piense profundamente sobre cada una de estas preguntas. Podrían terminar determinando si logra el éxito o el fracaso.

Este libro también definirá formas exclusivamente nuevas y radicales para desarrollar un ingreso pasivo real. Aprenderá a ganar dinero y, si lo desea, puede mantener su trabajo diario. Hay algunas estrategias que le permitirán ganar dinero tan rápido que incluso puede sentirse tentado a dejar su trabajo diario y disfrutar de su vida de nuevo, haciendo las cosas que realmente le gustan.

Una cosa que debe entenderse claramente es que este no es un esquema rápido para hacerse rico. Si espera algún tipo de contenido sobre cómo engañar a la gente con el dinero que tanto le costó ganar, entonces este libro no es para usted. Las estrategias descritas aquí son ideas y principios comerciales simples que puede aprovechar para crear un flujo de ingresos pasivo. Si puede tomar la información de este libro e implementar las estrategias, no hay razón para no tener éxito.

Gracias de nuevo por comprar este libro, ¡espero que lo disfrute!

Capítulo 1: ¿Qué es el Ingreso Pasivo?

Para maximizar sus ingresos pasivos y lograr la libertad financiera, primero debe comprender con precisión el concepto en sí.

Ingreso Pasivo vs. Activo

El ingreso pasivo es simplemente un ingreso que gana sin trabajar activamente para ello. No es como un trabajo normal en el que tiene que presentarse todos los días, dedicar tiempo y esfuerzo, e incluso puede ser despedido. Con ingresos pasivos, el dinero sigue fluyendo incluso si no va a trabajar.

Es muy diferente del ingreso activo, en el que tiene un contrato para trabajar para un cliente o empleador, y si no lo hace, tendrá como resultado la pérdida de ingresos. Algunas personas tienden a confundir el término ingreso pasivo al incluir algunos tipos de trabajo por contrato "fuera de los libros". El hecho de que el trabajo que está haciendo le ofrezca algún tipo de flexibilidad no significa que sea parte de su ingreso pasivo. Mientras tenga que hacer el trabajo usted mismo, se clasifica como ingreso activo.

La clave para entenderlo es que el ingreso pasivo le permite recibir un pago a pesar de que no está participando activamente en ningún trabajo significativo. Es posible que deba pasar algún tiempo inicialmente estableciendo el negocio y despegando, pero llegará un momento en que podrá sentarse y disfrutar de su flujo de ingresos pasivo. De hecho, tendrá la opción de seguir trabajando o no. Un ingreso activo no le da este tipo de libertad.

Lo que No es el Ingreso Pasivo

Hay algunos flujos de ingresos de los que puede beneficiarse, pero no se pueden clasificar realmente como ingresos pasivos. Un buen ejemplo de esto es recibir una herencia o vender un activo. Estos son simplemente pagos únicos que no tienen continuación en el tiempo.

El ingreso pasivo no está necesariamente libre de riesgos. No se puede definir como un ingreso totalmente seguro. Sí, hay algunas fuentes de ingresos que tienen menos riesgo que otras, pero la verdad es que cada fuente de ingresos conlleva cierto riesgo. Incluso con ingresos pasivos, siempre es aconsejable crear múltiples flujos de ingresos para minimizar el riesgo de fracaso.

Otra cosa que no es el ingreso pasivo es "libre de mantenimiento". En algún momento tendrá que intervenir para llevar a cabo algún tipo de mantenimiento para mantener el flujo constante de ingresos. Es un mito creer que una vez que establezca su fuente de ingresos pasivos y retroceda, ya no tendrá que vigilar las cosas. Hay que presentar impuestos, depositar cheques e incluso responder correo. Puede haber pequeñas cosas aquí y allá, pero aún deben hacerse.

Al observar el nivel de mantenimiento requerido para mantener el ingreso pasivo, debe determinar si es muy pasivo o semi pasivo. Un buen ejemplo es escribir un libro versus alquilar su casa. Con un ingreso muy pasivo como regalías de libros, usted realmente tiene que hacer mucho una vez que se publica el libro. El editor venderá el libro en tiendas o en línea y no se le exigirá que trate con clientes. Todo lo que tendrá que hacer es cobrar los cheques de regalías. Con un ingreso semipasivo como alquileres de casas, se le pedirá que mantenga la casa de manera regular. También es posible que tenga que buscar nuevos inquilinos, hacer pagos de seguros e impuestos, e incluso supervisar al encargado del edificio.

Finalmente, el ingreso pasivo no es un esquema para hacerse rico rápidamente. Si tiene la idea de que puede crear un flujo de ingresos pasivo engañando a las personas con el efectivo que tanto le costó ganar, entonces este libro definitivamente no es para usted. Este tipo de mentalidad no debe usarse para definir un ingreso pasivo. Hay personas que intentan buscar formas de ganar dinero sin proporcionar necesariamente algo de valor a cambio. Esto no es emprendimiento, es simplemente robo.

Es cierto que existen lagunas en la economía que puede aprovechar para ganar algo de dinero. Sin embargo, este tipo de enfoque nunca debe describirse como un ingreso pasivo. Siempre debe intentar crear valor para sus clientes para que siempre estén dispuestos y listos para darle su dinero. Hay algunas empresas que requieren que brinde más valor que otras, pero al final del día, debe ofrecer algo para obtener dinero a cambio.

Preguntas Clave que Debe Hacerse

¿A dónde me llevarán las fuentes de ingresos pasivos?

Mucha gente se lanza a desarrollar múltiples flujos de ingresos sin definir claramente cuál será su juego final. Debe preguntarse cómo responderá su vida a los éxitos que alcanzará. ¿Cómo cambiarán su vida esos $1000 extras? ¿En qué momento podrá vivir de sus ingresos pasivos? ¿Cómo pasará su tiempo libre una vez que comience a ganar dinero de forma pasiva?

¿Es el ingreso pasivo una receta para el éxito o el fracaso en mi vida?

¿Invertiría su tiempo y dinero extra en cosas productivas en su vida u holgazanearías, engordaría, consumiría drogas y finalmente moriría antes de tiempo? Estas son preguntas pertinentes que no puede permitirse omitir. Debe decidir cómo crecerá su vida y compartir el valor que ha creado con otras personas a su alrededor. De lo contrario, simplemente se sentirá tentado a involucrarse en cosas que lo derribarán más rápido de lo que lo hizo. Muchas personas se han quemado o deprimido porque no planearon de antemano cómo estructurarían su nueva vida.

¿Por qué necesito fuentes de ingresos pasivos?

¿Qué motivaciones tiene para crear ingresos pasivos? ¿Es simplemente porque está constantemente en quiebra o endeudado? Debe darse cuenta de que su motivación para querer ese dinero extra es lo que determinará cómo será su vida después de que lo tenga. La verdad es que, en la mayoría de los casos, aún puede ser feliz con el poco dinero que tiene, así que asegúrese de que su motivación esté vinculada a alcanzar el cumplimiento y la satisfacción.

Evite las Exageraciones

Existen muchos libros y artículos en la web que dicen enseñarle a ganar mucho dinero rápidamente. Incluso pueden decir que su sistema está garantizado para darle un flujo de ingresos pasivos de forma gratuita. Debe tener cuidado con tales esquemas. Muchas personas inocentes han sido estafadas y han perdido dinero al caer en tales estrategias.

Este libro no trata de crear dinero de la nada. Hay algo que siempre se requerirá de usted al crear un flujo de ingresos pasivo. Estos incluyen tiempo, energía, dinero y compromiso.

El ingreso pasivo siempre implica trabajo, así que no se haga una idea equivocada porque está desesperado por pagar el alquiler la semana que viene. Hacer que los ingresos pasivos funcionen para usted requerirá que se agache y se ensucie en las etapas iniciales y haga sacrificios al igual que cualquier empresario verdaderamente exitoso. No hay atajos en este libro. Primero haga el trabajo y luego comience a pensar en disfrutar los resultados. ¡Ahora echemos un vistazo a algunas de las formas en que puede crear un ingreso pasivo que transformará su vida y lo acercará un paso más a la libertad financiera!

Capítulo 2: Invierta en Bienes Raíces

Cuando decide aventurarse en inversiones inmobiliarias para generar ingresos pasivos, debe considerar qué tipo de enfoque utilizar. Existen diferentes estrategias que puede aprovechar para encontrar un enfoque que se adapte no solamente a sus necesidades financieras sino también a su inversión de capital inicial.

Bienes Raíces de Llave en Mano

Una muy buena manera de comenzar a generar ingresos pasivos en bienes raíces es a través de propiedades de alquiler de llave en mano. Las propiedades de llave en mano pueden ser una oportunidad de oro para cualquiera que quiera comenzar a invertir en bienes raíces. Entonces, ¿qué son las propiedades de llave en mano y por qué son tan especiales?

Las propiedades inmobiliarias de llave en mano son simplemente propiedades que ya han sido renovadas, generalmente por una compañía de administración de propiedades, y están a la venta. Usted compra la propiedad de la compañía de administración de bienes raíces y la alquila, ganando una buena suma cada mes. Lo que hace que este tipo de inversión inmobiliaria sea popular es que la misma compañía que administraba la propiedad antes puede brindarle servicios de administración postventa. Ellos cobrarán su alquiler, pagarán el mantenimiento y las reparaciones, manejarán toda la documentación y le enviarán su dinero. No tiene que tratar con los inquilinos usted mismo, por lo que esto le ahorra tiempo y esfuerzo.

Sin embargo, hay ciertas cosas que debe considerar como

inversionista antes de elegir este tipo de medio de ingresos aprobados:

Investigue la Propiedad

Debe conocer bien su propiedad antes de decidir comprarla. Esto significa que debe realizar una investigación adecuada para determinar si vale la pena comprar la vivienda. Debe preguntarse si el valor de la casa es realmente lo que describe el vendedor. Muchos inversores novatos aprovechan la oportunidad de comprar una propiedad llave en mano solo para darse cuenta de que la propiedad no valió la pena.

La mejor manera de conocer su propiedad es visitarla en persona y verificarla. Si la propiedad se encuentra en otra parte del país, es posible que deba enviar a alguien de su confianza para que la revise o incluso viajar hasta allí. Comprar bienes inmobiliarios es una gran inversión que no puede tomarse a la ligera, y debe asegurarse de que lo que obtenga tenga el mismo valor que el dinero que está depositando. Visite el área y tenga una idea de cómo se desarrollará el lugar en el futuro. ¿La propiedad aún retendrá o aumentará su valor teniendo en cuenta las tendencias actuales en el vecindario, o su valor disminuirá?

Debe considerar cómo se verá su flujo de efectivo una vez que compre la propiedad y la alquile. Elegir una propiedad en un vecindario mal mantenido solo porque los gastos serán bajos y los ingresos altos es una mala idea. Un alto rendimiento siempre conlleva un alto riesgo. Será mejor que busque una propiedad que se encuentre en un área bien cuidada con buenas comodidades sociales, a pesar de que las ganancias mensuales pueden ser más bajas. Es más probable que su propiedad se aprecie en valor con el tiempo.

También es una buena idea involucrar a un inspector de

propiedades profesional para que pueda examinar los detalles que la mayoría de las compañías de administración de propiedades no le revelarán voluntariamente. Puede que le impresionen los acabados y las renovaciones de la casa, pero ¿qué pasa con el techo, el sistema de climatización o las tuberías detrás de las paredes? Un inspector de viviendas profesional podrá anotar cosas que quizás no vea.

Conozca el Carácter de los Inquilinos en el Vecindario

Como propietario potencial, no desea tener inquilinos que le causen dolores de cabeza todos los días. Debe visitar el vecindario para conocer el tipo de inquilinos que viven en el área. Los inquilinos que sean estables y responsables serán más confiables a la hora de pagar el alquiler a tiempo. Algunas áreas tienen inquilinos que rompen o dañan la propiedad y se mudan sin previo aviso.

Investigue el Número de las Vacantes

Siempre asegúrese de conocer el número de vacantes de la propiedad en la que está invirtiendo. Una casa o apartamento con una cantidad alta de vacantes no generará mucho dinero. Puede ser de alto valor o tener el potencial de apreciarse en el futuro, pero también debe pensar en los gastos de su propiedad. Es mejor que compre una propiedad que pueda atraer inquilinos de manera regular.

Investigue la Empresa de Administración de Propiedades

Debe haber mucha confianza entre usted y la compañía de administración de propiedades. Si va a trabajar con ellos, debe tener fe en que son profesionales experimentados en los que se puede confiar para manejar sus problemas. No hay nada tan malo como tratar con una empresa de administración que no realiza reparaciones cuando es necesario o no es lo suficientemente diligente como para buscar nuevos inquilinos. Es fundamental que realice una verificación de antecedentes para determinar ciertos aspectos de la forma en que opera la empresa, como por ejemplo:

- Las tarifas que cobran

- Si proporcionan estados de cuenta mensuales para ayudarlo a controlar los ingresos y gastos de la propiedad

- El tiempo que les toma, en promedio, llenar las vacantes de propiedades de alquiler

- Los años de experiencia que tienen

Esta información se puede obtener sentándose y hablando con el administrador de la propiedad, pero le ayudaría más si hablara con otros clientes que han trabajado con la empresa.

Entienda el Tipo de Acuerdo

Necesita saber en qué tipo de acuerdo de propiedad está entrando con la empresa de gestión. Puede ser que quieran que su nombre permanezca en el título, por lo que, en lugar de venderle la propiedad, optan por convertirse en su socio a través de una LLC. Le conviene comprar la propiedad directamente para evitar problemas futuros, por lo que la solución recomendada, en este caso, sería crear una cuenta de gastos independiente para fines de mantenimiento cuando sea necesario.

Entienda los Riesgos Potenciales

Invertir en bienes raíces puede ser lucrativo, pero definitivamente no es para todos. Siempre debe estar preparado para cualquier riesgo o problema que pueda surgir,

17

por ejemplo, aumentos imprevistos de impuestos a la propiedad. Debe tener algo de dinero a mano en caso de que ocurra algo imprevisto. La mayoría de las personas que optan por invertir en bienes raíces tienden a hacerlo a largo plazo. Siempre hay altibajos en el mercado inmobiliario, y es mejor ser paciente al invertir en este sector. Si no puede hacerlo, entonces no necesita molestarse en poner su dinero en bienes raíces.

Hacer Dinero con Airbnb

Airbnb es un servicio entre pares que le permite alquilar su casa o apartamento por un corto período de tiempo. Es una excelente manera de ganar dinero extra, especialmente cuando tiene espacio en su casa que no se está utilizando. También puede estar planeando salir de la ciudad por un tiempo, pero el alquiler aún debe pagarse, entonces, ¿por qué no alquilar su apartamento por el tiempo que dure fuera?

La aplicación Airbnb le permite anunciar su propiedad, que puede ser desde una habitación individual hasta una casa flotante, en la página web de Airbnb de forma gratuita. Luego puede promocionar su propiedad creando un perfil con títulos, descripciones y fotos. Esta información luego ayuda a los huéspedes a encontrar un lugar adecuado para alojarse en caso de que se encuentren en la zona. Airbnb le ayuda a conectarse con otras personas en el área en la que buscan vivienda temporal.

Un invitado puede revisar la base de datos completando los detalles de a dónde está viajando y cuándo estará en el área. Qué tan atractiva o interesante sea su propiedad para los huéspedes puede depender del tipo de habitación/espacio que se ofrece, el precio del alquiler, el tamaño del espacio disponible, las comodidades que puede proporcionar o incluso el idioma que habla.

Entonces, ¿cómo se hace para crear un negocio con Airbnb?

Publicar su Espacio

Usted es quien decide cuándo alquilar su espacio y el precio a cobrar como alquiler. El proceso del anuncio es gratuito y puede elegir a quién alquilar aprobando a los posibles inquilinos por adelantado. Deberá tener en cuenta que hay otras personas que pueden estar alquilando sus espacios, así que mantenga su precio competitivo.

Debe tener en cuenta los costos de hospedar a alguien, por ejemplo, limpieza, facturas de servicios públicos, cargos de alojamiento de Airbnb e impuestos. Si tiene la intención de utilizar el servicio Airbnb, deberá cumplir con sus normas y reglamentos de alojamiento. Estos incluyen cómo anunciar su propiedad con precisión, cómo comunicarse con sus inquilinos, mantener sus obligaciones de reservas, estándares de higiene y la provisión de servicios básicos como papel higiénico y jabón.

Su listado en el sitio web de Airbnb incluirá una foto de la habitación o la casa, así que asegúrese de que esté ordenada y presentable. Puede tomar la foto usted mismo y subirla, o Airbnb puede enviar un profesional para tomar fotos de forma gratuita, aunque esto es solamente para anfitriones activos. Incluso puede realizar una promoción cruzada de su espacio en las redes sociales o a través de su página web personal.

La forma en que describe su espacio determinará el nivel de interés que genera en la plataforma. Descríbalo de una manera única y desde la perspectiva de alguien que no sea local. Esto significa que debe enfatizar los medios de transporte más cercanos disponibles, los lugares de entretenimiento y restaurantes más cercanos, y cómo es la cultura en el área. También debe detallar los beneficios adicionales de los que un huésped puede beneficiarse, como televisión por cable, Wi-Fi, una nevera completamente equipada, etc.

Obtener Autorización y Pago de Impuestos

Si está alquilando un apartamento o casa y desea recibir a un huésped que paga, entonces tendrá que obtener el permiso de su propio dueño. En caso de que su propiedad sea parte de una cooperativa o asociación de propietarios, entonces debe asegurarse de que no haya nada en sus reglas que no permita hospedar a un huésped que paga. Airbnb siempre recomienda que agregue una cláusula adicional a cualquier contrato que firme con las entidades anteriores para tratar específicamente el alojamiento a través de Airbnb.

También hay que considerar los impuestos sobre la renta locales. La autoridad local puede considerar que cualquier persona que alquile su espacio utilizando Airbnb administra un hotel, por lo que podría pagar un impuesto de ocupación transitorio. También deberá pagar impuestos federales.

Seguridad Personal

Si está alquilando una habitación en su apartamento o casa, debe considerar cuidadosamente su seguridad personal. En caso de que se vaya de viaje, tendrá el dolor de cabeza de guardar cualquier cosa de alto valor, en caso de que su invitado sea curioso. Se recomienda que conozca más acerca de su inquilino mirando las críticas escritas sobre ellos por anfitriones anteriores. También puede hacer un trabajo básico de detective en Internet o realizar una verificación de antecedentes penales (si realmente puede hacerlo).

Garantías de Pago

El pago se realiza a través de Airbnb, y su dinero se le entrega dentro de las 24 horas posteriores a la llegada de su invitado. Si hay algo con lo que el huésped no está satisfecho, puede informarlo a Airbnb dentro de las 24 horas para obtener un reembolso. Intentar que le paguen fuera del sistema Airbnb es una mala idea, ya que el huésped puede engañarle fácilmente. En caso de que lo descubran recibiendo pagos fuera de la plataforma, Airbnb se reserva el derecho de dejar de hacer negocios con usted.

Crear un flujo de ingresos pasivos a través de Airbnb es una excelente manera de conocer gente diferente e interesante y ganar dinero extra. Puede alquilar fácilmente una de sus habitaciones libres en su casa por un corto período de tiempo, lo que le ayuda a pagar las facturas o tener una ganancia residual. Invertir en bienes raíces a través de Airbnb maximiza el uso de su propiedad inmobiliaria ya que el alquiler aún se pagará incluso cuando no esté cerca.

Capítulo 3: Crear una Página Web y Empezar a Bloguear

Hay muchas personas que han intentado ganar dinero en línea mediante la creación de un sitio web, y fracasaron miserablemente. Luego, hay otros que han tenido tanto éxito haciéndolo que dejaron sus trabajos diarios y se convirtieron en personas que obtuvieron ingresos pasivos. ¿Cuál fue la diferencia? El primer grupo simplemente no lo hizo de la manera correcta.

¿Es posible ganar mucho dinero iniciando un blog, y si es así, cómo se hace? La verdad es que definitivamente puede ganar mucho dinero creando un sitio web y blogueando. El secreto es utilizar las estrategias correctas y encontrar la mejor manera de monetizar sus esfuerzos.

Un gran blog tiene que ver con el contenido. Si tiene un contenido excelente, la gente seguirá regresando a su sitio y podrá ganar más dinero. Mucha gente pasa demasiado tiempo tratando de engañar a los robots de búsqueda de Google para popularizar su sitio, pero este enfoque está condenado al fracaso a largo plazo. Estos son los que dicen que los blogs no pueden generar ingresos pasivos.

Pero las personas exitosas saben cómo hacerlo de la manera correcta. Puede tener un sitio web que venda productos o distribuya información. Independientemente de la opción que elija, busque algo que le apasione y siga ajustando su estrategia hasta que lo haga bien. Mientras se concentre en producir contenido que sus lectores consideren valioso, podrá atraer a más personas y ganar toneladas de dinero.

Entonces, ¿cuáles son algunas de las estrategias que puede utilizar al tratar de obtener ingresos pasivos a través de los blogs?

Publicidad Contextual de Pago por Clic

Con la publicidad Pay Per Click (PPC), puede usar Google AdSense o Yahoo Publisher Network (YPN).

Google AdSense es más popular porque solamente mostrarán anuncios que sean relevantes para el nicho que atiende su blog. También es la opción más fácil de implementar.

YPN es un importante competidor de AdSense. Sin embargo, YPN no muestra anuncios que sean tan relevantes para su contenido como lo hace Google, por lo que esto podría no atraer a los visitantes de su sitio. Por otro lado, YPN le paga más por clic que AdSense, por lo que se trata de equilibrar los objetivos a corto plazo con los ingresos pasivos a largo plazo.

Si no está seguro de cuál elegir, simplemente comience con la opción más simple, AdSense, y pruébela. Coloque los anuncios en diferentes lugares de su sitio y muévalos regularmente. Controle la efectividad de la colocación. También puede cambiar el color del texto o enlace para ver cómo responden los visitantes a estas alteraciones. No realice múltiples cambios al mismo tiempo porque si el tráfico se dispara, no habrá forma de saber qué cambio causó el aumento. Después de un par de meses, puede cambiar a YPN y realizar un seguimiento de los cambios en los niveles de tráfico. Probar diferentes técnicas y estrategias es una excelente manera de descubrir qué funciona mejor para su sitio.

Mercadeo de Afiliación

Los vendedores de Internet más exitosos utilizan esta estrategia. Muchas personas han intentado usar esta estrategia,

23

pero el problema es que emplearon técnicas incorrectas, no hicieron un esfuerzo suficiente y se dieron por vencidos a mitad de camino. Elegir el sistema adecuado a utilizar puede mantenerle dando vueltas durante mucho tiempo.

El primer paso es conocer su nicho a fondo. Si su blog trata sobre *fitness*, asegúrese de convertirse en un experto en él. El contenido que coloque en su blog debe ser de alta calidad y con autoridad. Los lectores pueden olerse las bobadas simplemente leyendo su contenido y examinando los hechos presentados.

Una vez que haga esto, es hora de encontrar excelentes productos para promocionar. No solo cualquier producto, sino los que se venden realmente bien. El programa de afiliación más simple que existe es ClickBank. Usted se registra y luego busca cualquier producto que su blog pueda promocionar mediante palabras clave, y recibe un código que le permite promocionar ese producto. También existe Commission Junction, que en realidad le brinda una mejor información sobre la cantidad de clics que ha enviado, aunque los productos que se ofrecen no son tan atractivos como los de ClickBank.

Ganar Dinero Mostrando Anuncios

Hay algunos blogueros que parecen tener un problema con esta estrategia porque piensan que colocar anuncios en su sitio abarata el contenido. La pregunta que debe hacerse es esta: ¿está dispuesto a proporcionar a las personas contenido gratuito y de alta calidad sin que se les pague? Está leyendo este libro porque quiere salir de la competencia feroz de 9 a 5. Si le pueden pagar por escribir sobre cosas que realmente disfruta, ¿por qué no hacerlo?

Debe comenzar produciendo excelente contenido para sus lectores, el tipo de contenido que las personas encuentran útil y práctico para sus vidas. La mayoría de los visitantes esperan que los sitios exitosos tengan algunos anuncios, y el hecho de que no tenga anuncios puede hacerles pensar que no es lo suficientemente popular o autoritario. No tiene que cobrar tarifas de suscripción a los visitantes ni venderles nada. Los anuncios pueden hacerle ganar mucho dinero mientras hacen que su sitio parezca creíble.

Entonces, ¿cuál es el mejor momento para colocar anuncios en su blog? ¿Debería esperar hasta que el tráfico llegue a un cierto número de visitantes por día, o simplemente tirarse de cabeza? Debe verlo de esta manera: si espera hasta tener un número específico de visitas por día, entonces ese día nunca llegará. La mejor estrategia es hacerlo de inmediato. ¿Por qué? El motivo es simple. En el momento en que monetiza su página web y coloca anuncios en ella, es el momento en que se tomará en serio la producción de excelente contenido para generar tráfico. Si tiene un trabajo diario, es muy probable que no tenga el tiempo o la energía para bloguear constantemente. Esto afectará sus números de tráfico. Colocar anuncios desde el primer momento lo motiva a comenzar a tomarse las cosas en serio porque ahora hay dinero involucrado.

Donde coloque sus anuncios en su blog no es muy importante. Simplemente tiene que ajustar las cosas regularmente para encontrar el mejor ajuste. Solamente asegúrese de que los tipos de anuncios que permita en su blog sean relevantes para su contenido. Los anuncios tienen que ser útiles y valiosos para sus visitantes. La falta de relevancia molestará y alejará a los visitantes, y no ganará dinero.

La mejor manera de atraer a los anunciantes para que compren espacio en su blog es crear una página en su sitio que explique claramente cómo pueden hacerlo. En caso de que un anunciante se encuentre con su sitio, puede conocer fácilmente sus tarifas, los lugares que se ofrecen y cómo comprar su espacio publicitario.

Anuncios de Enlaces de Texto Pagados

Este es un sistema en el que usted se registra, busca enlaces de anuncios para colocar en su sitio y se le paga cada vez que alguien compra un enlace desde su sitio. Hay muchos sitios web que utilizan esta estrategia para generar ingresos. Literalmente le pagan para colocar enlaces en su sitio web.

El procedimiento es simple: vaya a www.text-link-ads.com, regístrese con ellos, complete un formulario y reciba un pequeño fragmento de código que luego colocará en su blog. El nombre de su blog se agrega a su mercado. Cada vez que alguien va al mercado a comprar enlaces y decide comprarlos desde su sitio, recibe un correo electrónico. Luego debe iniciar sesión en el mercado Text-link-Ads para aprobar el anuncio. Posteriormente se le pagará el 50% de los ingresos obtenidos y el otro 50% se destinará a text-link-ads.com como tarifa. La clave aquí es establecer un buen precio para los enlaces en su blog. Asegúrese de valorar adecuadamente su blog comparándolo con otros en el mismo nicho.

Opiniones Patrocinadas

Como bloguero, en realidad se le puede pagar por escribir comentarios sobre productos o servicios relacionados con su nicho de contenido. Si puede desarrollar una gran credibilidad con sus lectores, es más probable que le crean cuando revise un producto o servicio. Cuando un vendedor de productos o un proveedor de servicios ve cuán creíble es usted y la gran cantidad de seguidores que tiene, le pagarán por escribir una crítica positiva de lo que esté tratando de vender. Sus lectores podrían estar interesados en obtener más información sobre el producto o servicio, y esto genera ventas potenciales para el vendedor.

Hay varios mercados de revisión patrocinados en los que puede registrarse, como ReviewMe. Este sitio web de revisión patrocinado (www.reviewme.com) le permite registrarse, completar un formulario y luego agregarlo a su mercado. En caso de que alguien quiera que revise su producto, recibirá una notificación y luego podrá negociar una tarifa a cambio de una revisión patrocinada.

Programa de Afiliados de Amazon

Este es un programa de afiliación muy popular para los vendedores de Internet. Es realmente fácil de configurar y puede comenzar a ganar dinero de inmediato. Puede colocar enlaces de afiliados de Amazon en su sitio cada vez que escribe sobre un producto que se vende en Amazon.com. Todo el mundo está familiarizado con Amazon como un gran lugar para comprar productos, por lo que referir a las personas al sitio web le hará recibir dinero. El único problema con esta estrategia es que Amazon es muy tacaño con sus tarifas. Solo se le paga el 5% de los ingresos que se generan a través de su blog. Ningún otro sitio web paga tan poco.

Sin embargo, todavía vale la pena registrarse. Tarde o temprano se encontrará mencionando o revisando un producto que se puede comprar en Amazon. Colocar un enlace rápido a la página del producto en Amazon ayudará a sus lectores a recopilar más información y, al mismo tiempo, ganar una pequeña suma.

Capítulo 4: Crear Video Tutoriales en Línea

Si tiene un proceso o concepto particular en el que es realmente bueno y posee un blog con contenido relevante, puede considerar enseñarlo a la gente a través de un video tutorial. Aprovechar el poder de los videos en línea es una de las mejores maneras de correr la voz sobre sus habilidades en un nicho particular. Los videos tienden a atraer muchos seguidores en estos días, y crear un video tutorial en línea puede ser una excelente manera de obtener ingresos pasivos.

Crear un video tutorial de buena calidad no es tan complicado. Si conoce bien su nicho, adopta la estrategia correcta y utiliza las herramientas adecuadas, será visto rápidamente como un experto y desarrollará un gran seguimiento en línea. Antes de comenzar a hacer un video tutorial para ganar dinero, hay una serie de factores que debe considerar.

Factores a Considerar

Público Objetivo

Este es uno de los factores más importantes a considerar antes de crear cualquier tipo de contenido. Si se toma el tiempo de preguntarse quién es su público objetivo, tendrá una gran oportunidad de producir contenido valioso y útil. Debe mirar el tipo de contenido que desea compartir y preguntarse qué tipo de audiencia lo agradecería más. Comprenda a su público objetivo, qué les gusta, cómo piensan y qué tipo de formato les conviene más.

Las Metas de Su Objetivo

Una vez que comprenda quién es su público objetivo, debe conocer los objetivos que pretenden lograr. ¿Están sus objetivos en línea con el contenido que desea proporcionar? ¿Les ayudará su tutorial a acercarse a sus objetivos? Si sus objetivos se convierten en parte de los suyos, sin duda estará en una mejor posición para ayudarlos.

Recursos y Herramientas que Necesita Su Audiencia

Las personas se sentirán atraídas por su contenido en línea porque les ofrece los recursos y las herramientas que necesitan. Eso es parte de la creación de valor para sus clientes, ya que estos recursos y herramientas pueden ayudarlos a alcanzar cualquier objetivo que tengan. Por ejemplo, si su audiencia está interesada en aprender cómo montar un kit de energía solar para el hogar, necesitará una lista de equipos que se deben adquirir, dónde comprarlos, los precios y las instrucciones de montaje seguras. Su objetivo debería ser cómo ayudarlos a adquirir dicha información tan fácilmente como sea posible. Sus tutoriales en video deben adaptarse para cerrar la brecha entre ellos y los recursos que necesitan.

Posibles Socios Afiliados

El objetivo principal de crear un video es ganar dinero. Esto significa que tendrá que promocionar un producto o servicio a su audiencia a cambio de dinero en efectivo. Ahí es donde entran los programas de afiliación. Debe inscribirse en un programa de afiliación con compañías que ofrecen tales asociaciones para que promocione sus productos en el video y le paguen a cambio. Es importante tomar en cuenta que tener un tamaño decente de seguidores en línea lo ayudará a negociar cuánto gana, e incluso abrir puertas a empresas que no tienen programas de afiliados.

Cómo Planear su Proceso

No puede lanzarse de cabeza haciendo un video tutorial sin tener algún tipo de plan. Aquí es donde se sienta con lápiz y papel y piensa en lo que está tratando de lograr usando el video. ¿Cómo se hace esto?

Conozca su Materia

Debe tener un conocimiento completo y profundo de su tema. Si aún no conoce bien esa área, haga sus deberes y póngase al día con lo que necesita saber. Un maestro a medias nunca podrá convencer a los estudiantes de que saben de lo que están hablando. Visite otros blogs y foros relevantes para su nicho y observe las preguntas que las personas hacen con frecuencia. Pregúntese qué tipo de problemas o desafíos tiende a enfrentar su público objetivo y lea sobre eso.

Prepare un Guion

Siempre es una buena idea sonar natural en el video, pero tener un guion de viñetas como guía es fundamental para mantenerlo en el punto y recordarle el próximo tema que debe abordarse. No desea comenzar a resolver las cosas en medio de un video tutorial. La planificación adecuada siempre lo ayudará a crear algo único y valioso.

Elija el Tipo de Video

Puede decidir grabar la pantalla de su ordenador y guiar a la audiencia sobre cómo realizar acciones específicas. Por ejemplo, puede mostrarles cómo registrarse en un programa de *marketing* de afiliación en un sitio web. Si está utilizando una grabación de pantalla, debe asegurarse de que el fondo del escritorio esté limpio. La pantalla del ordenador no debe mostrar su información personal o programas irrelevantes que se ejecutan en segundo plano. Para las opciones de transmisión de pantalla, debe considerar programas de alta calidad como

VirtualDub, Camtasia, ScreenFlow o Camstudio.

Su video tutorial puede incorporarlo de pie frente a la cámara. Si este es su modo de elección, necesitará una cámara réflex digital, una videocámara o simplemente usar su teléfono inteligente.

También puede hacer grabaciones de video usando una presentación de diapositivas. Esta es una excelente manera de enseñar a su audiencia siempre que pueda crear bien sus diapositivas. Puede usar *software* como Google Slides, MS PowerPoint o Keynote.

Su última opción para elegir su formato de video es combinar dos o más de los formatos anteriores.

Prepare su Audio

Puede elegir grabar su audio a través del micrófono de su ordenador, aunque la calidad puede no ser tan buena. Un micrófono USB de buena calidad puede ser útil, y no tiene que optar por uno caro. Un micrófono Audiotechnica solamente le costará $30.

Un excelente entorno acústico significa que no hay dispositivos ruidosos que zumben de fondo. Asegúrese de que las superficies no reverberen el sonido y creen un eco. Si desea tener una música de fondo interesante, puede ir a cualquier sitio de Creative Commons (por ejemplo, ccmixter.org) que ofrezca música con licencia gratuita. Asegúrese de que su música de fondo no se ahogue o interfiera con su voz en off.

Cree su Enlace del Programa de Afiliados

Puede usar el complemento Pretty Link en Wordpress para crear un enlace que le permita ganar dinero con su video. Este es el enlace en el que su audiencia hará clic para seguir adelante y comprar cualquiera de los productos o servicios que haya promocionado en el video.

Cómo Crear el Video

Una vez que se complete el proceso de planificación, puede continuar y grabar, editar y exportar su video.

Grabar su video tutorial debería ser fácil ahora que está familiarizado con el *software* y el formato que se utilizará. Simplemente presione el botón "Grabar" y hable con su audiencia. Intente ser amigable y crear una conexión personal con su audiencia. Simplemente no se exceda con la teatralidad, ya que puede frustrar a algunos de sus espectadores serios.

Cuando se trata de editar su video, necesita usar un buen *software*, algunos son de pago mientras que otros son gratuitos. Puede usar ScreenFlow, iMovie, Adobe Premiere o Final Cut Express. Con excelentes técnicas de edición, puede ofrecer más valor a su audiencia. Puede resaltar las características importantes, agregar texto para garantizar un flujo de información fluido y claro, o incluso eliminar errores en la grabación de video. Un video bien editado siempre hará una buena transición y se mantendrá en el punto. Cualquier pausa innecesaria, demoras en la carga o deslizamientos en el habla deben ser eliminados. En caso de que no pueda editar el video usted mismo, debería considerar externalizar el trabajo a un profesional.

Exportar su video simplemente significa convertirlo del formato de edición a un formato que pueda cargarse fácilmente en su plataforma de transmisión de video (YouTube, Udemy, etc.).

Cómo Publicar el Video

Cuando se trata de elegir qué servicio de transmisión de video usar para su contenido en línea, nunca puede equivocarse con YouTube. Recuerde que desea ganar dinero con su video, por lo que debe usar una plataforma que sea el segundo motor de búsqueda más grande en la web. El tráfico que atraviesa YouTube todos los días es increíblemente enorme, y tiene la oportunidad de aprovecharlo de forma gratuita. También puede publicar el video tutorial en Udemy o en su propio blog de negocios.

Cómo Optimizar el Video

El título de su video es la parte más crítica del video, por razones obvias. Desea que lo encuentren fácilmente en Internet, así que asegúrese de usar SEO y palabras clave relevantes en su título y descripción. Asegúrese de que las personas y los motores de búsqueda sepan exactamente qué contiene su video. No olvide colocar un enlace a su sitio web dentro del área de descripción para que las personas puedan visitar su sitio. También debe escribir una publicación de blog basada en el mismo tema e insertar el video en él.

Cómo Promocionar su Video Tutorial

Hay varias formas de promocionar su video tutorial. Usted puede:

- Enviarlo a su lista de correo electrónico
- Promoverlo en la barra lateral o la barra de navegación de su blog
- Compartirlo en redes sociales
- Compartirlo con otros blogueros que tienen una audiencia similar
- Compartirlo con compañías cuyos productos puede promocionar

Los videos son una excelente manera de llegar a millones de personas en todo el mundo. Los videos virales están teniendo un gran impacto en las personas, por lo que nunca puede equivocarse al hacer un video tutorial.

Capítulo 5: Vender Productos Digitales Informativos

Internet ha revolucionado totalmente la forma en que las personas compran y venden productos. Esto ha tenido el efecto de abrir el mundo a todos los que tienen algo valioso que ofrecer, ya sea un producto o un servicio.

Cuando se trata de obtener un ingreso pasivo en línea, una de las mejores cosas para hacer es vender un producto digital. Con solo un poco de esfuerzo, puede crear un producto informativo y venderlo a un precio asequible. Piense en todos los productos en sitios como Amazon, Etsy o Ebay. Los productos digitales en estas plataformas de venta en línea son muy baratos y la demanda sigue aumentando año tras año. Si puede crear un producto informativo increíble y venderlo en línea, podrá ganar dinero durante años.

¿Qué es un Producto Informativo?

Un producto informativo es simplemente un producto creado para proporcionar más información o conocimiento sobre un asunto o tema específico. Piense en cosas como libros electrónicos o videos que le enseñan cómo hacer algo. Un producto informativo le brinda la oportunidad de crear valor para sus clientes de una manera rápida y fácil.

Hay dos razones fundamentales por las que crear y vender un producto informativo es una gran idea:

- Le permite obtener ingresos pasivos sin tener que invertir demasiado tiempo. Piénselo de esta manera. Una vez que termine de crear ese libro electrónico o video tutorial, simplemente lo vende en una plataforma digital como Amazon.com o su propio sitio web, y pase a otras cosas. Mejor aún, si está ofreciendo algún tipo de servicio a través de un sitio web, puede crear un producto informativo para acompañar sus servicios, y así agregar valor a su negocio existente. Los productos informativos tienden a venderse solos. Esa es la belleza de las plataformas en línea. Incluso puede tomarse un descanso de la administración de su negocio y aun así sentirse cómodo sabiendo que su producto informativo digital se vende y gana dinero.

- Un producto informativo digital le permite llegar a clientes potenciales que tienen un presupuesto bajo o no están seguros de trabajar con usted o no. Al referirlos a su producto informativo, puede permitirles usar su tutorial a un precio asequible, y así generar confianza con el tiempo. Una vez que saben que tiene la experiencia en un área determinada y confíen en usted, es más probable que vuelvan a comprarle más productos o servicios. Además, es probable que lo remitan a otros clientes. Un producto informativo se puede compartir con otros y generar fácilmente críticas positivas para usted. De repente ha fidelizado clientes actuales y futuros.

Factores a Considerar antes de Crear un Producto Informativo

Al decidir qué tipo de producto informativo crear, deberá tener en cuenta sus intereses personales y comerciales, la cantidad de tiempo que tiene disponible y las necesidades de sus clientes objetivo. Crear un ingreso pasivo puede ser una excelente manera de ganar dinero fácilmente a largo plazo, pero aún implica mucho trabajo en las etapas iniciales.

Deberá tener en cuenta aspectos como el tiempo que tomará crear el producto, la inversión financiera inicial requerida y la cantidad de dinero que le gustaría obtener en ganancias por hora.

Hay un viejo dicho que dice: "Escriba de lo que sabe". Al decidir sobre qué escribir o crear un video, la mejor apuesta que puede hacer es crear un producto que conozca. En este punto, hay dos cosas en las que pensar:

- Preguntas frecuentes

En cualquier negocio o línea de trabajo en el que esté involucrado, hay ciertas preguntas que los clientes constantemente hacen. Puede hablar con los clientes sobre sus inquietudes o visitar la página de preguntas frecuentes de un sitio web relevante en el nicho que desea abordar. En lugar de responder preguntas a través de correos electrónicos largos, puede cobrar escribiendo un libro electrónico o creando un video en línea que explique todo lo que los clientes necesitan saber.

- Servicios básicos que puede ofrecer

Probablemente hay ciertos servicios básicos que realiza día a día. Si tiene un sitio web y se encuentra superando ciertos servicios, puede crear videos sobre cómo realizar esos servicios para sus clientes. Si llega un cliente con un presupuesto limitado y quiere contratarlo para que haga algo por él, simplemente puede pedirle que compre y descargue el video. Será más barato para el cliente y le dará tiempo para realizar otras actividades.

Crear su Contenido Informativo

Escribir un Libro Electrónico

Lo mejor de vender un libro electrónico es que no es necesario ser escritor para hacerlo. Si es un experto en SEO, puede conseguir un escritor fantasma independiente para que le escriba el libro. Lo mismo se aplica a usted si es diseñador o desarrollador de *software*. No importa cuál sea su experiencia. Si puede poner su conocimiento en formato escrito que pueda digitalizarse y monetizarse, siempre encontrará a alguien dispuesto a comprarlo. Los libros electrónicos son bastante atractivos en este momento, y nunca puede equivocarse con ellos.

Hacer Contenido de Audio y Video

Puede hacer podcasts o videos donde le brinde a las personas información que no se encuentra fácilmente. No tiene que ser un experto, porque no importa lo poco que sepa, siempre hay alguien más que sabe menos que usted. Si el precio es correcto, los clientes elegirán comprarle.

Crear una Comunidad o Foro en Línea

Si tiene mucha información que está dispuesto a compartir con un grupo exclusivo de personas, puede crear un foro de pago únicamente para miembros. El sitio web debe tener un flujo constante de información relevante y de alta calidad por la que las personas estarían dispuestas a pagar una buena suma de dinero. Si usted es un gurú en empresas emergentes, SEO, comercio de acciones, etc., puede cobrar a sus miembros para obtener acceso a información de primer nivel que no se puede encontrar en ningún otro lugar. Sus miembros podrán descargar contenido exclusivo, consejos, oportunidades de trabajo o asesoría comercial. Si tiene éxito, incluso puede contratar asistentes y moderadores para que lo ayuden.

Enseñar una Clase en Línea

Puede crear un esquema del curso compuesto por módulos y hojas de trabajo en forma de diapositivas. Estos se pueden descargar por una tarifa y las personas pueden estudiarlos por su cuenta. El desafío está en el comienzo, ya que puede llevar un tiempo desarrollar un buen esquema de clase que se pueda enseñar cada semana. Sin embargo, una vez que lo haya establecido todo, las cosas se vuelven más fáciles. Siempre que pueda asegurarse de que el contenido de la oferta esté actualizado y sea relevante, puede optar por reciclar las notas de clase del año anterior.

Cómo Vender sus Productos

Una vez que haya creado su producto informativo, debe comercializarlo para generar suficiente interés. También deberá decidir cómo pagarán los clientes los productos antes de descargarlos.

Al comercializar sus productos informativos, debe centrarse en mostrar a los clientes los beneficios de su contenido en lugar de solamente indicar las características del producto. Dígale a la gente qué obtendrán de su producto y cómo es único. Asegúrese de que su copia de ventas sea fácil de leer rápidamente y use imágenes, viñetas y palabras clave. Mantenga sus correos electrónicos de *marketing* cortos para aquellas personas que ya lo conocen.

Existen ciertas herramientas que también puede usar para ayudarlo a vender sus productos informativos:

- SendOwl – Esta es una plataforma de suscripción mensual que cobra $9 al mes. Es fácil de aprender e integra muchos procesadores de pago diferentes, como Authorize.net, Stripe y PayPal.

- E-junkie – Esta es una herramienta de suscripción mensual que cuesta $5 al mes. Fue una de las plataformas financieras pioneras para vender productos digitales. Es barato si está comenzando un negocio en línea, y puede acceder a su dinero a través de PayPal.

- Gumroad – Este es un servicio que le permite canalizar a sus clientes a una página específica. También tiene la opción de insertar un enlace en el producto que está vendiendo en su página de destino. Es una herramienta flexible que le permite ajustar los botones para adaptarse a su sitio web, por lo que si tiene habilidades de desarrollo web, disfrutará de esta opción. Gumroad le permite pagar a través de cualquiera de las principales tarjetas de crédito. Puede acceder a su dinero a través de PayPal (una vez cada quince días) o mediante depósito directo. Como no hay tarifas de suscripción mensuales, Gumroad es una buena opción para aquellos vendedores que aún no están seguros de cuántas copias de un producto se venderán por mes. El servicio solo le cobra una tarifa del 5% y $0.25 adicionales por cada transacción realizada. Si no tiene ganas de comprometerse a pagar tarifas de suscripción regulares, entonces esta es la herramienta para usted.

Cómo Adaptarse a Su Mercado

Con el tiempo, descubrirá que a medida que aumenta el número de clientes, sus necesidades también cambian. Siempre debe estar al tanto de las necesidades de sus clientes para saber cuándo y cómo adaptar sus productos informativos. Realice ajustes en sus productos, ya sea actualizando el contenido del curso, actualizando la información anterior o adaptándose a las nuevas tendencias.

Si está escribiendo libros electrónicos sobre SEO, debe realizar un seguimiento de cómo Google ajusta sus algoritmos. Si está haciendo videos, podría filmar nuevos e incluir a los próximos gurús en lugar de los antiguos. La clave es mantener su contenido actualizado. Ganar ingresos pasivos no significa que tenga que desempeñar un papel pasivo a medida que otros pasan de largo. Siga aprendiendo y manténgase en contacto con lo que sus clientes quieren.

Capítulo 6: *Freelancing*

Cada vez más personas buscan nuevas formas de ganar más dinero todos los días. Tener un trabajo regular no es suficiente para satisfacer las necesidades de hoy, por lo que trabajar independientemente se ha convertido en una forma de generar ingresos adicionales.

Hay muchas cosas en las que puede participar como *freelance*. La belleza de ser un profesional independiente es que puede ofrecer sus servicios en cualquier área que le apasione. Si tiene un trabajo de 9 a 5, puede usar su tiempo después del trabajo o los fines de semana para diversificar sus fuentes de ingresos. Con el trabajo independiente, puede elegir cómo usar su tiempo y en qué gastarlo.

Como profesional independiente, tendrá que determinar cuáles son sus fortalezas y debilidades para que aprenda a perfeccionar su oficio y aprovechar al máximo sus habilidades.

Cómo Trabajar por Cuenta Propia Para Obtener Ingresos Pasivos

Hay varias formas en que un profesional independiente puede comenzar a ganar un ingreso pasivo. Obviamente, esto dependerá del tipo de profesional independiente que sea.

Vender Existencias

Con existencias nos referimos a cosas como imágenes, temas, guiones y similares. Si le encanta la fotografía, puede tomar fotografías durante su tiempo libre y venderlas en sitios de bancos de fotografías. Cada vez que alguien va al sitio y compra una de sus fotos, le pagan. No es necesario ser un fotógrafo profesional para hacer este tipo de trabajo. Con los avances en las cámaras de los teléfonos inteligentes, casi todos son fotógrafos aficionados. Sin embargo, si desea desarrollar esa vanguardia, sería mejor que aprendiera algunas habilidades básicas de fotografía. Shutterstock es un buen ejemplo de un sitio web que puede generar un buen ingreso pasivo para un fotógrafo.

Si es programador, puede comenzar a escribir guiones y venderlos a cualquiera de los numerosos sitios web de *scripts* en Internet. Si le apasiona el diseño web, puede pasar su tiempo libre creando plantillas, gráficos o temas de Wordpress. Este nicho particular se está volviendo más popular cada año. Puede sonar un poco difícil para la mayoría de las personas, pero si usted es diseñador, en realidad puede ganar una cantidad considerable si trabaja en sus propios productos y los vende. Puede vender sus gráficos de *stock* en su propio sitio web o en un mercado. Los ejemplos de mercados en los que puede vender sus temas, plantillas y gráficos comunes incluyen ThemeForest, GraphicRiver y Creative Market.

Estos mercados en línea ofrecen buenos precios para las acciones, y puede ganar un mínimo de $20 por una sola plantilla. En algunos casos, se puede comprar una plantilla por $300, por lo que cuanto mejor sea su plantilla, mayor será el potencial de ingresos.

Suscripciones y Membresías

Dependiendo del tipo de profesional independiente que sea, es posible que tenga muchos conocimientos para compartir con el mundo. Al abonarse a un servicio de suscripción o área de membresía, puede ofrecer su conocimiento a los clientes a cambio de dinero.

Un buen ejemplo es la red Envato, que comprende una

colección de sitios web y mercados digitales que permiten a las personas con activos creativos ofrecer o vender sus ideas a otros. Todo lo que tiene que hacer es crear un tutorial de cualquier información o habilidades que desee compartir, registrarse en la red Envato y vender su contenido a través de su plataforma de tutoriales, Tuts+. Luego, los clientes se suscriben a la red por aproximadamente $9 por mes y pueden descargar cualquier contenido que les interese. Este es un precio muy pequeño para los clientes que buscan contenido de alta calidad, por lo que si su trabajo es de primera categoría, usted gana $9 por mes por cada suscriptor.

Venta de Espacios Publicitarios

Es posible que tenga un trabajo estable mientras mantiene una presencia activa en línea a través de su sitio web personal. Si este es el caso, entonces debería considerar vender parte del espacio en su sitio web a los anunciantes. Esto puede ser una gran fuente de ingresos pasivos si su sitio web tiene una gran cantidad de tráfico. Los anunciantes siempre buscan llegar a un público mayor, y la cantidad de visitantes atraídos a su blog o sitio web determinará si elegirán trabajar con usted y cuánto puede ganar. A medida que su sitio web se vuelva más y más popular, podrá cobrar a los anunciantes más dinero a cambio de publicar sus anuncios en su sitio.

Publique un Libro

No tiene que ser escritor para expresar sus pensamientos y conocimientos en palabras. Hay muchos escritores fantasmas en plataformas como Upwork o Guru que pueden crear un gran libro para usted. Independientemente del área en la que sea experto, escribir un libro puede ser una excelente manera de obtener ingresos pasivos. Puede autopublicar en Amazon o usar uno de los muchos servicios de libros electrónicos que existen, como e-Junkie.

Concursos de Diseño

Si le gusta cualquier tipo de diseño, como el diseño web, diseño de logotipos o diseño de volantes, puede participar en un concurso de diseño. Los concursos de diseño no son nuevos, y son una excelente manera para que los aficionados se creen un nombre. Un sitio web de concurso de diseño como 99Designs ofrece tarifas fantásticas para logotipos, postales o diseños de sitios web. Siempre hay un concurso de diseño en marcha, por lo que la oportunidad de ganar algo de dinero siempre está disponible. Sin embargo, tendrá que trabajar fuertemente para impresionar al creador del concurso y vencer a miles de otros competidores.

Capítulo 7: Encuestas en Línea

Cuando se trata de ganar dinero en línea, no hay nada más simple que las encuestas en línea. No tiene que hacer una inversión financiera o pasar demasiado tiempo estableciendo un negocio como los otros métodos mencionados en los capítulos anteriores.

Las encuestas en línea le permiten recibir un pago cada vez que completa una encuesta, y esto es algo que se puede hacer en conjunto con su trabajo diario. A diferencia de un grupo de discusión, no necesita tener algún tipo de especialización para ser elegible para encuestas pagadas en línea. También puede tomar tantas encuestas como quiera.

Cómo Usar los Sitios de Encuestas

- Usted se registra en cualquiera de los numerosos sitios de encuestas en línea disponibles. Deberá leer las instrucciones detenidamente y comprender cuánto le pagarán por encuesta. Algunos de los mejores sitios de encuestas en términos de dinero ganado incluyen GlobaltestMarket, SurveyHead, Ipsos, CashCrate y ValuedOpinions.

- Una vez que se haya registrado, comenzará a recibir correos electrónicos del sitio web de la encuesta. El correo electrónico le informará de una encuesta para la que califica. No califica automáticamente para todas las encuestas, y solamente se le enviarán encuestas de acuerdo con los detalles que completó durante el registro.

- Una vez que complete la encuesta, se le enviará su pago a través de PayPal, cheque, cupones y ofertas especiales que se pueden utilizar para comprar cosas en línea.

Lo que se Debe y No se Debe Hacer en las Encuestas en Línea Pagadas

Existen algunas reglas básicas que puede adoptar para ayudarlo a que este tipo de estrategia de ingresos pasivos sea un éxito. Algunos de ellos pueden ser obvios y usted puede conocerlos, mientras que otros son puramente para su seguridad.

Lo que Debe Hacer

- Asegúrese de ir siempre a la página de política de privacidad del sitio web de la encuesta y lea atentamente la letra pequeña. Muchas personas omiten este paso porque quieren registrarse y comenzar a ganar dinero muy rápido. El peligro es que nunca sabrá cómo se usará su información personal, y su privacidad puede verse potencialmente comprometida.

- Averigüe cuánto se paga por encuesta y la cantidad mínima de pago que tiene cada sitio. Esto le ayudará a saber cuánto tiene que ganar antes de que se le permita retirar dinero, y qué tan rápido puede hacerlo. Hay algunos sitios que establecen montos mínimos de pago muy altos y le pagan muy poco dinero por encuesta. Cuando está cerca de alcanzar la cantidad mínima para cobrar, de repente dejan de enviarle encuestas. Debe tener cuidado de no terminar perdiendo su tiempo y energía en dichos sitios.

- Cree una nueva cuenta de correo electrónico completamente dedicada a recibir correos electrónicos con respecto a sus encuestas pagadas. No querrá que le envuelvan en diferentes tipos de correos electrónicos y no pueda ver el correo electrónico de la encuesta a tiempo. Algunas de estas encuestas son para un período de tiempo específico y se las puede perder.

- Asegúrese de revisar su correo regularmente para que sus encuestas no le pasen de largo. Puede configurar alertas de escritorio para esa cuenta de correo electrónico en particular.

- Tómese el tiempo para actualizar su perfil regularmente para seguir recibiendo las encuestas más apropiadas o relevantes para usted. Desea ser encuestado sobre las cosas que le interesan y, en caso de que sus intereses cambien, deberá actualizar sus preferencias en su perfil.

- Finalmente, regístrese en más de un sitio de encuestas. De esta manera, maximiza sus posibilidades de ganar tanto dinero como sea posible. Habrá momentos en que algunos sitios no le enviarán encuestas periódicamente, y tener otras alternativas será de gran ayuda.

Lo que No Debe Hacer

- No pague ningún tipo de cuota de membresía a ningún sitio de encuestas. Los sitios de encuestas legítimos ofrecen registros gratuitos y no solicitan dinero por adelantado. Si se encuentra con un sitio de encuesta que le pide que pague primero, siga buscando. Definitivamente no son legítimos.

- No proporcione información personal que sea confidencial y que pueda ser utilizada en su contra. Esto incluye números de tarjetas de crédito, números de teléfono, número de seguro social y similares. No quiere ser víctima de algún tipo de estafa financiera, o algo peor.

- No baje la guardia cuando se trata de protegerse contra virus y correo basura. Algunos sitios de encuestas pueden exponer fácilmente su ordenador a virus o troyanos, así que asegúrese de tener las herramientas antivirus más recientes y actualizadas. Si va a trabajar mucho en línea, invierta en proteger su ordenador.

- Finalmente, no piense que puede hacerse rico y retirarse simplemente completando encuestas. Las encuestas en línea pagadas son una manera excelente y fácil de ganar dinero extra, especialmente si tiene tiempo. Sin embargo, no es una forma estable de ganarse la vida. Úselo, pero no permita que sea su única fuente de ingresos pasivos.

Si desea ganar dinero a través de encuestas pagadas en línea, debe tener paciencia y dedicación. Este no es un plan para hacerse rico rápidamente que le hará ganar mucho dinero de la noche a la mañana. Tenga cuidado con los sitios de encuestas que visita y siempre busque los que son confiables y tienen las mejores críticas.

Conclusión

¡Gracias nuevamente por adquirir este ejemplar!

Espero que este libro pueda ayudarlo a descubrir cómo comenzar a generar ingresos pasivos haciendo lo que más le gusta. Este libro definitivamente le ha abierto los ojos a las oportunidades disponibles.

El siguiente paso es encontrar la mejor manera de monetizar cualquier pasión que tenga. Puede llevar algo de tiempo, ¡pero pronto podrá ganar dinero mientras duerme!

Amazon FBA para Principiantes

Guía Comprobada Paso a Paso para Ganar Dinero en Amazon

Mark Smith

Los autores respectivos son dueños de todos los derechos de autor que el editor no posee.

La información aquí contenida se ofrece únicamente con fines informativos, y es universal como tal. La presentación de la información es sin contrato ni ningún tipo de garantía.

Las marcas comerciales que se utilizan no tienen ningún consentimiento, y la publicación de la marca comercial no tiene permiso ni respaldo del propietario de la marca comercial. Todas las marcas comerciales y marcas de este libro son únicamente para fines de aclaración y son propiedad de los propios propietarios, no están afiliados a este documento.

Tabla de Contenidos

Introducción

En primer lugar, quiero agradecerle y felicitarle por elegir este libro, Amazon FBA para principiantes.

Esta publicación contiene pasos y estrategias comprobadas sobre cómo comenzar su experiencia con Amazon FBA. Vender en Amazon a través de FBA puede ser una experiencia que cambia la vida. Hace que hacer negocios sea tan fácil y simplificado que tendrá suficiente tiempo para trabajar y para usted.

Amazon ofrece varios beneficios a cualquiera que quiera entrar en el negocio de FBA. No los encontrará en ningún otro lugar porque, en esencia, Amazon hace todo el trabajo por usted. También tiene la oportunidad de promocionarse a los millones de usuarios que tiene Amazon.

Para un vendedor en 2016, entrar en la experiencia de Amazon FBA es muy importante para expandir su negocio y aprender más sobre cómo vender en línea. También está libre de complicaciones. Amazon le proporciona instrucciones paso a paso sobre cómo ser un vendedor completo de FBA. Su único trabajo es concentrarse en crear productos innovadores para sus clientes.

Este libro le dirá todo lo que necesita saber para comenzar su negocio con Amazon. He intentado simplificar el procedimiento para que pueda comprender los conceptos básicos. También hay numerosos consejos mencionados a lo largo de este libro que lo convertirán en un experto en el campo de FBA.

Sin mucho más que agregar, ¡comencemos!

Gracias de nuevo por comprar este libro, ¡espero que lo disfrute!

Capítulo 1:
Vender en Amazon

Para comprender cómo funciona FBA, debe comprender cómo funciona la venta en Amazon. Amazon tiene millones de usuarios y está aumentando su base de usuarios todos los días. Muchas personas han ganado mucho dinero trabajando a través de Amazon, mientras que otras todavía están luchando. También se trata de entender cómo funciona realmente la venta en Amazon.

Si quiere ser vendedor en Amazon, tiene la oportunidad de comercializar sus productos frente a millones de usuarios activos. Aparecerá como vendedor de terceros ya que está operando su propio negocio. Si abre Amazon, podrá ver la lista de vendedores que venden un producto en particular. Entonces, no solo es usted quien está vendiendo el producto, sino muchísimas personas. El cliente ahora tiene la oportunidad de seleccionar entre todos estos vendedores.

Amazon le permite trabajar a mayor escala sin tener que molestarse en establecer una tienda, trabajadores, etc. Puede trabajar en la escala que desee. Si desea vender varios productos, puede hacerlo, pero si solo quiere vender unos pocos productos, esa también es su elección. Si simplemente está tratando de vender algo en Internet, puede haber un problema de capacidad de escala. Es posible que no pueda aumentar su negocio en todas las páginas web. Puede funcionar como un pequeño vendedor independiente que está tratando de ganar un poco de dinero. Es fácil pero realmente usted no logra funcionar como un negocio adecuado.

Eso es lo diferente de Amazon. Le brinda la oportunidad de trabajar como un pequeño vendedor independiente que se ocupa de un solo producto o puede ser un magnate de los negocios que entrega múltiples productos a través de Amazon. Es por eso que vender en Amazon es tan sencillo. No necesita grandes inversiones para comenzar su negocio. Si cree que su producto se venderá, puede aumentar la producción. Es extremadamente libre de riesgos. Tiene la oportunidad de ganar mucho dinero sin invertir demasiado. Esto reduce el factor de riesgo y también lo ayuda a estar libre de estrés.

Proceso

El proceso de venta en Amazon es sencillo. Amazon no requiere mucho de su parte. Solamente se necesitan los detalles de su cuenta bancaria e información fiscal. Por supuesto, tendrá que pagar algo de dinero para iniciar su propio canal de ventas, pero Amazon tiene excelentes ofertas e incentivos para nuevos vendedores.

Paso 1: El primer paso es configurar su propia tienda en Amazon. Debe registrarse y luego se le pedirá que proporcione una lista de los productos que está vendiendo. Es muy fácil y Amazon le proporciona una herramienta única que es fácil de comprender.

Asegúrese de no proporcionar ninguna información falsa y que los productos que está publicando realmente existan. Este es el primer paso para comenzar su propio negocio en Amazon, por lo que debe tener mucho cuidado.

Amazon también cuenta con varios proveedores de servicios profesionales que pueden ayudarlo a crear una impresión única de su producto. Esto es importante porque es posible que no sepa cómo comercializar realmente su producto. Estos proveedores de servicios profesionales han estado trabajando durante años en este tipo de cosas y, por lo tanto, conocen los requisitos del mercado. También podrán guiarlo sobre cómo funciona el procedimiento. Por lo tanto, es necesario que cualquiera que quiera vender su producto en Amazon use la ayuda de dichos proveedores de servicios para asegurarse de que pueda competir con los vendedores de clase mundial.

Amazon también te ayuda a anunciar sus productos. Las reglas de publicidad de Amazon son brillantes. El costo de los anuncios a través de otros canales es realmente alto. Amazon solamente cobra cuando alguien hace clic en su anuncio. Esto es muy beneficioso porque no tiene que pagar demasiado. Solo tiene que pagar por los usuarios reales.

Paso 2: El segundo paso es interactuar con los clientes. La tienda tardará un tiempo en activarse, pero cuando lo haga, podrá ver los resultados al instante. Amazon tiene una base de usuarios colectiva de más de cincuenta millones de personas solamente en América del Norte. A nivel mundial, hay muchísimas personas que usan Amazon diariamente.

Esto le coloca en una posición interesante. Tiene la opción de comercializar su producto a todos estos usuarios sin el compromiso que se requiere. Lo está haciendo todo en línea y si no funciona, difícilmente tendrá que lidiar con la pérdida. Esta es la mejor parte de Amazon. Es como unirse a un mercado ya construido sin invertir mucho dinero.

Si recibe un pedido de un cliente, podrá gestionarlo usted mismo. Podrá contactar al cliente si eso es lo que desea o cualquier otra información que quiera. Es realmente fácil de entender y el panel de administración de pedidos lo ayudará en lo que necesite.

Para lograr una impresión duradera en sus clientes, se recomienda suministrarles productos de alta calidad y también centrarse en hacerlo de la manera más eficiente posible.

Paso 3: El paso 3 es donde Amazon hace su vida más fácil. Amazon entrega el producto por usted. No tiene que hacer nada en absoluto. Todo debe ser tratado por representantes de Amazon. Solamente tiene que suministrar el producto a Amazon y una vez que haya terminado, el paquete se suministrará a través de Amazon y sus socios de mensajería. Amazon vendrá hacia usted para recoger el producto. El embalaje y otros asuntos logísticos es todo lo que debe hacer.

El envío por Amazon es realmente rápido y también sin complicaciones. Esto asegurará que no pierda ni un solo cliente potencial. Podrá llevar fácilmente su producto a su cliente y sin ningún problema. Si hay algún inconveniente, puede llamar a Amazon en cualquier momento y ellos resolverán el problema por usted. Si algo le sucede al producto mientras es transportado, entonces es Amazon quien asume toda la responsabilidad. Puede confiar completamente en Amazon.

Aquí también es donde entra en juego todo el negocio de FBA. En lugar de que Amazon simplemente elija el artículo de usted, tiene la opción de almacenar su producto con Amazon. Discutiremos mucho sobre esto más adelante, pero esencialmente el cumplimiento por parte de Amazon tiene como objetivo reducir su carga de trabajo. Debe enviar los productos solo una vez a las instalaciones de almacenamiento de Amazon y ellos mantendrán el producto seguro para usted. Una vez que reciba un pedido, puede indicarle a la instalación de almacenamiento de Amazon que envíe su pedido. No tiene que empacar ni preocuparse por el inventario. Hace que todo sea mucho más fácil.

Esto es importante porque le ayuda a concentrarse en su negocio. Puede hacer crecer su negocio y agregar más líneas de productos mientras Amazon se encarga del envío y otros cargos. Amazon solamente le cobra un poco de dinero. No tiene que hacer demasiado. Solo sentarse y relajarse.

Muchas empresas han tenido éxito porque han podido concentrarse en brindar servicio al cliente sin distraerse con los canales de distribución. Es esencial en el siglo XXI porque se lo pone más fácil. Puede dedicar su tiempo a cosas más importantes. Le ayuda a escalar su negocio. Si desea expandir su negocio, se enfrentará al problema de enviar los productos. Esto realmente puede complicarle la vida a alguien que esté llevando el negocio por sí solo. El cumplimiento de Amazon garantiza que nunca tendrá que perder el tiempo con el negocio de envío y embalaje. Esto le permite expandir su negocio sin presionarse demasiado.

Paso 4: Amazon es muy rápido con los pagos. Es una organización internacional y, por lo tanto, nunca tendrá que lidiar con problemas de pago. El pago se deposita en su banco dentro de los siete días. Las tarifas que cobra Amazon son justas y nominales. Solo le cobra honorarios si realiza una venta, por lo que no es una empresa explotadora.

Paso 5: Puede utilizar Amazon para hacer crecer su negocio. Amazon no solo envía y vende productos por usted. También le ayuda a ser mejor empresario. Se asegura que usted reciba actualizaciones periódicas sobre su rendimiento para que pueda seguir su progreso. Amazon también sigue brindándole consejos sobre cómo administrar su negocio. Esto lo ayudará a aumentar sus ventas y podrá obtener muchos beneficios.

También le proporciona actualizaciones e informes regularmente. Podrá estudiar su rendimiento y ver sus resultados. Esto hace la vida mucho más fácil ya que no tiene que contratar a nadie para que haga estos informes por usted. Tampoco tiene que lidiar con actividades complejas similares ni asuntos contables. Puede escalar su negocio como desee y Amazon estará allí para ayudarlo.

Amazon también es ideal para los servicios de vendedor. Puede contactarlos con cualquier consulta que tenga en cualquier momento sin ningún problema. Hará todo mucho más fácil. Podrá aumentar su rendimiento e incrementar sus ventas.

Paso 6: También puede globalizarse con Amazon. Si desea expandir su negocio y vender en otros países, puede hacerlo con Amazon. Es realmente difícil vender algo en el extranjero. Establecer una tienda en otro país y vender sus productos requiere mucho tiempo y dedicación. Se necesitan muchos permisos y tener muchas conexiones. Es casi imposible que un vendedor individual venda algo en el extranjero sin invertir en más recursos.

Amazon, por otro lado, le ayuda a globalizarse sin problemas. No necesita tener conexiones o permisos en el lugar. Puede vender en línea a través de Amazon y los gastos de envío y otros gastos varios serán manejados por Amazon. Es la mejor forma de comercializar sus productos en el extranjero. Tiene la opción de vender en una plataforma de mucha confianza y no tiene que hacer ninguna inversión. Puede convertirse en un vendedor global sin siquiera levantarse de su silla.

Algunos Consejos

Si quiere ser realmente bueno vendiendo en Amazon, hay ciertos consejos que debe seguir. El punto principal es tratar la venta en serio. Tiene que innovar e investigar sobre todo lo que está vendiendo. Piense diez veces antes de decidir vender un producto y considere todo lo relacionado con él, desde los costos hasta las revisiones, antes de decidir venderlo. Amazon cambia todos los días y tiene que estar al tanto del juego para tener éxito.

1. Si desea escalar su negocio, entonces debe tener un excelente desempeño. Si pasa todo su tiempo empaquetando y enviando cosas, no tendrá tiempo para fabricar o encontrar los productos que desea vender. Cuanto menos venda, menos ganancias obtendrá. Por lo tanto, si realmente desea ganar algo de dinero mediante la venta, escalar es inevitable. Si Amazon maneja el envío y el embalaje por usted, le ahorrará tiempo suficiente para que se concentre exclusivamente a comercializar sus productos.

2. Debe ser flexible. No elija solamente algunos productos para vender y vaya tras ellos. Si un producto no se está vendiendo, olvídelo y continúe. Cometerá muchos errores e incurrirá en muchas pérdidas antes de convertirse en un experto. Si no está dispuesto a cambiar, continuará incurriendo en pérdidas. Si ve que hay pérdidas en la venta de un producto, aléjese de él. Tiene que asegurarse de que cada venta le dé alguna ganancia. Estar dispuesto a aprender. Existen numerosos expertos en el negocio de venta en línea que están listos para brindarle sus servicios. Acepte su ayuda sin dudarlo. Le contarán todo sobre los nuevos servicios que están presentes en Amazon y cómo puede beneficiarse de ellos.

3. Administre su inventario. Asegúrese de que todo esté anotado. Ejecútelo adecuadamente como un negocio, incluso si lo está haciendo usted solo. No querrá perder la noción de sus productos o dinero. Tome nota de todo y asegúrese de que su inventario nunca esté bajo. Si un cliente no puede adquirir su producto, entonces lo ha perdido para siempre. Siga enviando productos a Amazon tan pronto como se vendan. Cuide también su flujo de caja. No tiene que contratar a un contable, pero asegúrese de no perder la noción del dinero. Controle sus

gastos y asegúrese de que todo salga según lo planeado. Las personas suelen gastar mucho más de lo que deberían. Esto puede crear problemas al calcular los márgenes de beneficio. Asegúrese de que todo salga según lo previsto.

4. Si no le va bien al inicio, no se asuste. Está bien no obtener grandes ganancias tan pronto comienza. Tiene que medir su progreso, pero no lo haga con demasiada frecuencia. Al principio, trabaje para aumentar sus ventas en lugar de las ganancias. Si tiene que verificar su progreso semanalmente, mídalo a través de las ventas. Revise las ganancias y el dinero trimestral o semestralmente.

Enfóquese en ganar dinero. No se sienta abrumado y concéntrese en la venta que tiene por delante. Intente ganar tanto dinero como pueda en cada venta y verá su progreso cada vez que revise sus informes. Si realmente desea ver grandes cambios, verifique su progreso solamente después de un cierto período de tiempo. No pierda la esperanza y trate de innovar lo más posible.

Capítulo 2:
La Ejecución por parte de Amazon

Fulfillment by Amazon (FBA) es una técnica de ventas. Es la forma en que Amazon recluta a más personas para vender sus productos en su página web. El objetivo principal de FBA es dar a las personas la oportunidad de aumentar sus ventas sin agregarles demasiada presión. Puede guardar sus productos en las instalaciones de almacenamiento de Amazon y ellos enviarán el producto por usted. Todo lo que tiene que hacer es empaquetar el producto y enviarlo a las instalaciones de almacenamiento. Luego, tan pronto como se realice una venta, Amazon enviará el producto al destino requerido y usted podrá recibir el dinero. Tiene muchos beneficios y, sobre todo, le da libertad. Puede trabajar para hacer crecer su negocio mientras Amazon trata los asuntos de envíos por usted.

FBA no solo termina en el envío. Amazon también ofrece servicio al cliente para usted. Si hay algún problema con el producto, no debe tener su teléfono con usted en todo momento. Amazon tratará con el cliente por usted. Esto definitivamente hace que vender sea muy fácil. Para alguien que no tiene mucho tiempo y está haciendo esto de forma paralela, FBA es un salvavidas. Puede ganar algo de dinero extra y ni siquiera toma mucho tiempo. Casi no requiere ningún compromiso o inversión. Los beneficios de la FBA son incalculables.

Si se une a FBA, también aumenta la fuerza de su producto. La gente confía en los productos que Amazon ofrece. Entonces, las posibilidades de que haga una venta también aumentan. Podrá vender sus productos fácilmente y podrá aumentar su rendimiento. Los vendedores de FBA también tienen la opción de entregar sus productos en un día. Esto es muy importante porque muchos clientes compran productos de Amazon solo por la garantía de entrega de un día. Si su producto no está incluido en FBA, entonces el cliente no podrá optar por la opción de entrega de un solo día.

La Entrega Gratuita también es otra característica que viene bajo FBA. La mayoría de los clientes nunca pagarían los gastos de envío de un producto. Los vendedores de FBA tienen la opción de entrega gratuita en todos sus productos. Esto les facilita a sus clientes comprar el producto y que lo reciban. Cuanto menor sea el costo del producto, más felices serán los clientes.

También se ha descubierto que la mayoría de los vendedores que se unen al esquema FBA tienden a ver un aumento en sus ventas. La razón detrás de esto es el aura que FBA tiene en sus productos. La mayoría de los clientes dudan en comprar cosas en tiendas minoristas en línea. Si ven que Amazon ha completado un producto, entonces es más probable que lo compren. También le ayuda a establecer credibilidad como vendedor. En un sitio donde hay miles de vendedores que usan FBA, si usted no lo utiliza, existe una buena probabilidad de que se quede atrás. Para asegurarse de que puede lidiar con la competencia, debe ingresar a FBA ahora mismo.

Amazon tiene recursos de clase mundial. Allí, los centros de distribución podrían cuidar mucho mejor los productos que cualquier otra instalación de almacenamiento. Mantienen el inventario con ellos para que usted no tenga que hacerlo. También empaquetan el producto para usted y luego lo envían. Esto le ahorra mucho tiempo. Amazon también asegura que su servicio de envío y embalaje sea el mejor del mundo. De esta manera, sus clientes no tendrán nada de qué quejarse.

Amazon también tiene una excelente red de servicio al cliente. Sus representantes están presentes en todo el mundo y se ocupan de todo tipo de problemas. También le proporcionan retroalimentaciones periódicas para que pueda cambiar su estrategia comercial en consecuencia.

Diferentes Tipos de Vendedores

Puede vender en Amazon como parte del esquema de FBA o *Merchant Fulfilled Seller* (MF). Depende de lo que quiera elegir, pero la mayoría de las personas recomiendan FBA. Las diferencias surgen en términos de las responsabilidades que tendrá y la cantidad de trabajo que tiene que hacer.

Si quiere ser un vendedor MF, entonces debe lidiar con todo usted mismo. No recibirá ayuda de Amazon en términos de envío y embalaje. Elija un producto y se publicará en la página web. El cliente no vería una etiqueta de FBA con su producto y tampoco podría aprovechar la entrega de un día. Esta es una de las mayores desventajas que tiene MF. Esto definitivamente afecta su rendimiento. Muchos clientes tienden a no confiar mucho en los productos que Amazon no almacena ni envía.

Si el cliente decide comprar su producto, Amazon le notificará que envíe el producto. Tiene que sacar tiempo de su trabajo para empaquetar el producto. Una vez que haya hecho eso, debe comprar la etiqueta de envío y colocarla en el paquete. Luego, debe ir personalmente a la oficina de correos y enviar el producto al cliente. Todo esto requiere mucho tiempo y paciencia. Si tiene varios pedidos, incluso puede llevar un día entero enviar solo un par de productos. Además, debe asegurarse de que el embalaje sea duradero y que el producto no sufra daños durante el transporte. Si sucede, usted es quien debe responder al cliente y no Amazon.

Un gran problema es el envío a través de la oficina de correos. Si hace esto, entonces tendrá que cobrar los gastos de envío a su cliente. Esto aumenta el precio del producto y hay muchas posibilidades de que disminuyan sus ventas. Las oficinas de correos no son precisamente conocidas por ser puntuales. Podrían retrasar el producto y usted no podría hacer nada al respecto. Es una carga pesada y hay muchas desventajas asociadas con ella. La única ventaja es que tiene la libertad de empaquetar el producto como usted desee y puede reducir el costo de envío. Amazon tiene ciertos controles de calidad que hacen que el costo de envío aumente por un margen. Si lo hace usted mismo, existe una gran posibilidad de que haya ahorrado algo de dinero.

Pero el problema es que FBA hace la vida tan fácil que no tiene sentido ser un vendedor MF. No tiene que empaquetar los productos una y otra vez. Solo tiene que enviarlos por correo a la instalación de almacenamiento de Amazon y ya está. No tiene que lidiar con el orden; en la instalación de almacenamiento lo hacen todo por usted. Sus clientes obtienen la ventaja de poder tener un día de entrega. Sus ventas definitivamente aumentarían, ya que más personas tienden a comprar más productos FBA que aquellos que no lo hacen.

Amazon también garantiza que su producto llegue a su destino a tiempo. No tiene que preocuparse de que su producto se pierda y no tiene que tratar directamente con el cliente. Tiene tanto tiempo para hacer crecer su negocio y aumentar su rendimiento que seguramente recomendará FBA a otras personas.

Su producto también se presenta como una compra elegible Prime. Significa que el cliente puede elegir un mejor sistema de entrega y obtener el producto más rápido. Son en su mayoría dos días y esto garantiza que el cliente esté absolutamente satisfecho con la compra.

Debe pagar una parte de sus ventas a Amazon para almacenar el producto y manejar el envío por usted. También puede vender tantos productos como desee porque no es usted quien tiene que preocuparse por el embalaje, el procesamiento y el envío. Puede escalar su negocio a un tamaño enorme sin preocupaciones.

El escalado es importante porque si publica más artículos para la venta, más dinero ganará. Ahora, si usted es el que tiene que lidiar con el embalaje y el envío, entonces no querrá escalar su negocio. Le ejerce demasiada presión, ya que no puede manejar la cantidad de pedidos que llegan. Si hay un pequeño retraso, entonces el cliente no estará contento e incluso podría perder dinero. Puede vender tantos productos como desee en Amazon porque ese es su trabajo principal. Solo tiene que lidiar con encontrar mejores productos para vender en Amazon sin perder su tiempo empaquetando. Si hay demasiados pedidos, entonces es la instalación de almacenamiento de Amazon, que tiene que ocuparse de la entrada y no usted.

También obtiene un lugar para almacenar sus productos. No tiene que preocuparse por mantener el inventario y preocuparse por él. Amazon apenas le cobra por el inventario; más bien solo toma una parte de sus ventas y solo cobra por envío y manejo. Esto ahorra mucho tiempo y dinero.

Capítulo 3:
Beneficios del FBA

FBA tiene muchos beneficios obvios. Si realmente desea aumentar sus ventas y dar un impulso a su negocio, entonces FBA es el camino que debe seguir. El principal beneficio está relacionado con la cantidad de tiempo que ahorra. No tiene que pasar días empacando y enviando productos. Esto hace que su negocio sea mucho más eficiente.

Amazon tiene mucha experiencia en el departamento de satisfacción al cliente y saben lo que hacen. Si decide utilizar sus servicios, se beneficiará de su experiencia. Solo tiene que empacar y se lo envían por usted. Incluso le manejan las devoluciones de productos. Toman las quejas de los clientes y se las envían a usted. Dirigen un negocio virtual para ayudarlo a vender mucho más mientras solo cobran tarifas nominales.

Haga Crecer su Negocio

Mucha gente quiere hacer crecer su negocio y mejorarlo, pero no son capaces. No tienen el tiempo y la paciencia para hacerlo. Por lo general, es porque manejar todo usted solo puede ser realmente difícil. Si es alguien que vende productos en Internet, tendrá muchos problemas. Tendría que manejar la logística de todos sus productos. Crear publicaciones de productos y escribir detalles lleva mucho tiempo. Si tiene que manejar las ventas junto con todo esto, le tomará prácticamente todo su tiempo disponible. Así que, si tiene la presión adicional de empaquetar y enviar los productos a los clientes, entonces no puede esperar que su negocio prospere.

Amazon le permite concentrarse en su negocio para que no tenga que adentrarse en las cosas pequeñas. No tiene que perder el tiempo empacando y enviando. Solo tiene que hacerlo una vez. Simplemente envíe todo a la instalación de almacenamiento de Amazon y su trabajo estará listo. Si hay un pedido, los trabajadores de la instalación de almacenamiento encontrarán su producto. Empaquételo y luego envíelo. Se asegurarán de que el producto llegue a su destino a tiempo. Esto le brinda la oportunidad de expandir su negocio sin límites. No tiene que estar limitado por nada en absoluto.

Creando Confianza

Amazon es una gran organización que ha existido durante muchos años. Cada cliente que quiere comprar algo en Amazon confía en que el producto que recibirá será de excelente calidad. Amazon ayuda a generar confianza entre el cliente y el vendedor.

El signo de FBA en su producto aumenta el valor de su artículo. Es más probable que las personas compren un producto si ven este símbolo. Hay miles de vendedores en Amazon y se hace realmente difícil escoger solo uno. Lo único que sabe un cliente es que puede confiar en Amazon. Por lo tanto, si ven que Amazon ha completado un producto, confían en el vendedor.

Esto es muy importante para aumentar sus ventas. En un lugar donde no puede tener ningún contacto real con los clientes, la página de su producto es lo que determina una venta. Por lo tanto, para garantizar que se realice una venta, debe utilizar la buena voluntad asociada con la marca de Amazon.

Todos los clientes de Amazon confían en que Amazon les proporcionará servicios de alta calidad. Confían en que el producto será brillante y lo recibirán a tiempo. Si tiene el símbolo FBA en su producto, esta confianza se transfiere automáticamente a su artículo.

También es un hecho que los productos entregados por Amazon son más fáciles de devolver, ya que es Amazon quien se encarga de las devoluciones para los vendedores de FBA. Esto también induce a los clientes a elegir vendedores FBA en lugar de vendedores que no son FBA. Amazon también brinda la oportunidad de ser su representante de atención al cliente. Si un cliente tiene un problema, simplemente puede llamar a Amazon para pedir ayuda. De esta manera, Amazon lidia con los clientes por usted.

Menos Costos

Amazon se asegura de que solo pague por los servicios que utiliza. No tiene que pagar una cierta suma para comenzar con FBA. Los cargos no son fijos, sino que dependen de su uso. Si no utiliza un determinado servicio en un mes en particular, no tiene que pagarlo.

Los cargos son realmente flexibles. Si usa un servicio solo unas cuantas veces, entonces paga las veces que realmente lo utilizó. Tampoco hay tarifa de suscripción. Puede unirse al esquema FBA sin tener que pagar nada.

Otra cosa sorprendente sobre FBA es que no hay requisitos mínimos de cantidad de artículos. Puede enviar tantas unidades como desee a la instalación de almacenamiento. No tiene que lidiar con ninguna presión con respecto a la fabricación.

Amazon incluso le ofrece la opción de anunciar su producto a través de la página. Únicamente paga por un anuncio si las personas realmente visitan su producto a través de la página. Si nadie mira el anuncio y no obtiene ningún éxito en su producto a través del anuncio, no tiene que pagar nada.

Amazon es realmente grande cuando se trata de establecer precios. No cobran por servicios innecesarios y no tienen costos ocultos. Le dicen desde el principio lo que van a cobrar.

Cuando envía su producto a las instalaciones de almacenamiento de Amazon, no tiene que gastar mucho dinero ya que los proveedores de servicios de Amazon eligen los productos de su puerta. También puede elegir enviar el producto a sus instalaciones de almacenamiento utilizando su propio servicio de mensajería.

Amazon también cobra su tarifa solo si realiza una venta. No hay cargos fijos en Amazon. Amazon solo cobra algunas tarifas si está haciendo algo de dinero. Si no puede vender nada, entonces Amazon no le cobrará nada.

Servicio al Cliente

Amazon se encarga de los clientes por usted. Le da un espacio para vender su producto para que pueda comercializar a millones de clientes. También maneja el servicio al cliente por usted.

Si no está vendiendo a través de FBA, Amazon atenderá las llamadas de servicio al cliente, pero usted será quien tenga que lidiar con los problemas que tiene el cliente. Si el cliente no ha recibido el producto, debe asegurarse de que el producto llegue a tiempo. También tiene que lidiar con el seguimiento. Todo esto puede llevar mucho tiempo y ser un martirio para alguien que acaba de ingresar al negocio de las ventas.

A través de FBA, Amazon se encargará de todos los clientes por usted. Nunca tendrá que contestar una llamada telefónica y atender consultas relacionadas con los clientes. En cambio, puede concentrarse en hacer crecer su negocio y agregar más productos.

Las devoluciones son realmente difíciles de manejar. Tiene que tratar con el cliente y luego recibir el producto de parte del cliente. Además, pierde tiempo y no puede concentrarse en las ventas que podría estar recibiendo. Para asegurarse de que no se distraiga y pueda continuar su trabajo, Amazon maneja las devoluciones por usted. No tiene que recibir el producto de parte del cliente; Amazon lo hace. Ni siquiera tiene que desempacar y catalogar el producto nuevamente. El producto vuelve a las instalaciones de almacenamiento de la que proviene y se cataloga nuevamente allí. Esto hace su trabajo mucho más fácil ya que no tiene que lidiar con tales problemas logísticos.

Contra Reembolso

El pago contra reembolso ha sido extremadamente popular en las naciones en crecimiento. A diferencia de otros países, estas naciones aún no dependen completamente de las tarjetas. Muchos aún dependen del efectivo y la mayoría prefiere el pago contra reembolso por esta razón. Aparte de eso, existe una creciente desconfianza en las ventas por internet, por lo que a la mayoría le gusta pagar solo cuando tienen el producto en sus manos.

Amazon FBA garantiza que todos sus productos sean elegibles para el pago contra reembolso. Esto no es algo que pueda aprovechar si elige ser vendedor MF. Esto se debe a que enviar un producto a través de cualquier servicio postal es arriesgado y si usa el servicio postal para cobrar efectivo, solo está jugando con su suerte. Amazon recoge el dinero por usted y lo deposita en su cuenta. De esta manera, no pierde ningún cliente y tampoco pierde dinero.

Elegibilidad Prime

La mejor ventaja que recibirá gracias a FBA es que su producto obtiene la elegibilidad Prime.

Amazon se ha esforzado mucho para asegurarse de que las personas se unan a sus cuentas Prime. Prime cuesta mucho, pero las personas aún gastan dinero para obtener cuentas Prime debido a la cantidad de beneficios que reciben por ello. Todos sus pedidos son elegibles para la entrega de dos días de forma gratuita. Esta es una gran ventaja y muchos clientes se unen a Amazon solo por esta razón en particular. Hay muchos otros beneficios que disfruta un cliente Prime, pero el principal en el que debe centrarse es en las opciones de entrega más rápidas.

Si usted es parte del esquema FBA, todos sus productos son elegibles para Prime. Significa que todos sus clientes obtendrían sus productos en tan solo dos días. Esto asegura que sus clientes estén satisfechos y sigan comprando. Si usted es un cliente que quiere comprar un producto y no tiene la opción de recibir sus productos en dos días, obviamente elegiría otro vendedor.

Amazon se asegura de que las personas elijan los mejores vendedores. Si nos fijamos en los vendedores disponibles en Amazon, sus ojos definitivamente irían a todos los vendedores que están catalogados como Prime y tienen una entrega de dos días. Esto obliga a cualquier cliente a elegir al vendedor Prime.

Por lo tanto, es casi una necesidad ser parte del esquema FBA si desea retener a sus clientes. La mayoría de los clientes tienden a elegir vendedores que son FBA en lugar de MF, incluso si el precio es alto. Esto se debe a que ser parte de FBA agrega credibilidad a su producto y sus artículos se entregan en tan solo dos días.

Ser parte de la FBA es un requisito y no una elección. Si quiere ser mejor que otros vendedores, entonces debe elegirlo. Puede perder clientes debido a muchas otras razones, pero al menos no los perderá porque no entregó el producto más rápido y de manera más eficiente. FBA también se asegura de que pueda obtener grandes ganancias en todas sus ventas. Amazon reduce los gastos excesivos en los que podría haber incurrido al tratar de empaquetar y enviar el producto. Esto asegura que venda su producto de la mejor manera posible.

Buy Box

El *Buy Box* es una oportunidad para que un vendedor se gane el derecho de ser aquel cuyo producto tenga una vista previa si un cliente hace clic en él. Hay varios vendedores para cada producto en Amazon, se dice que el vendedor que aparece en la vista previa del producto tiene el *Buy Box* para ese producto en particular.

Conseguir un *Buy Box* es realmente difícil. Ser vendedor de FBA aumenta sus posibilidades de obtener un *Buy Box*. Los *Buy Box* son realmente importantes porque afectan sus ventas. Muchas personas ni siquiera saben que hay múltiples vendedores para un producto. Simplemente compran el producto tan pronto como lo abren. Esto le da al vendedor que tiene *Buy Box* una gran ventaja.

Ser un vendedor FBA no es un requisito, pero para ser elegible para un *Buy Box*, se recomienda ser un vendedor FBA. Es realmente difícil obtener el *Buy Box* para cualquier producto. Por lo tanto, si quiere adelantarse a otros vendedores o al menos estar a la altura de ellos, debe obtener FBA.

Capítulo 4:
Ser un Vendedor FBA

Si cree que FBA es el camino a seguir, solo hay unos pocos pasos que debe tomar para convertirse en un vendedor FBA. Realmente no tiene que hacer mucho. Si tiene un producto único que usted fabrica, puede venderlo en línea sin problemas. Incluso si no tiene ningún producto para vender, siempre puede usar varios trucos para crear productos únicos. La cuestión es que FBA es una mina de oro. No importa qué producto esté vendiendo. Si lo vende en Amazon, definitivamente ganará mucho dinero. Sus márgenes de ganancia serán enormes y no necesitaría una gran inversión.

Encontrar un Producto

Si desea ser un vendedor FBA, debe encontrar el producto adecuado. Esto se debe a que no todos los productos tienen un gran mercado en línea. Muchos de ellos no se venderían en internet, como vehículos o relojes caros. Por lo tanto, debe asegurarse de que su producto sea especialmente adecuado para el mercadeo en línea.

También debe asegurarse de que el producto que elija sea beneficioso para usted. Debe obtener el producto lo más barato posible para poder venderlo a precio completo para obtener algún beneficio. El margen debe ser bastante grande porque también debe pagar a Amazon por sus servicios.

Ahora, si puede encontrar un producto que cree que es correcto, entonces genial, de lo contrario siempre puede usar productos minoristas. Si quiere ganar algo de dinero extra, entonces esto es simple. Todo lo que tiene que hacer es obtener productos de minoristas y luego venderlos en Amazon a través de FBA para obtener grandes ganancias. Es un esquema de eficacia comprobada. No tendrá que hacer mucho, pero aún podrá ganar mucho dinero.

El objetivo principal es encontrar un producto minorista en internet o fuera de internet. Tiene que encontrar el producto a su precio más bajo. Por lo tanto, asegúrese de mirar por todas partes antes de comprar el producto.

Busque productos que se venden con descuentos. Esto es para que pueda vender el producto por completo en Amazon y obtener grandes ganancias. Seguro que habrá algún centro comercial a su alrededor que esté ofreciendo descuentos. Busque dichos lugares y úselos para su propio beneficio.

Intente buscar productos con al menos un 25% de descuento. Esto deja suficiente margen para que usted suba el precio y obtenga buenas ganancias. Si una tienda está en liquidación o cerrando, definitivamente tendrá los productos que necesita.

Ahora, tiene que usar una aplicación llamada Scoutify. Scoutify es una aplicación brillante que enumera el precio actual de un producto en Amazon. Entonces, encuentre una tienda y luego entre con la aplicación Scoutify a mano. Escanee el código de barras del producto con la cámara de su teléfono y Scoutify mostrará las estadísticas sobre el producto. Podrá ver a qué precio se vende actualmente el producto en Amazon. También verá cuántos vendedores están vendiendo el producto y el rango más vendido del producto. De esta manera, puede hacer algunos cálculos rápidos para ver si podrá vender el producto en Amazon con ganancias.

El objetivo principal es encontrar un producto cuyo precio se pueda aumentar para obtener ganancias y aun así el precio debería ser más bajo que lo que se vende actualmente en Amazon. Entonces, puede saber a qué costo debe comprar el producto y cuál sería su rentabilidad al comprar el producto.

Ahora, antes de salir y comenzar a vender sus productos, asegúrese de probar algunos productos que haya encontrado en casa. Por ejemplo, tomaré un abrelatas azul. El objetivo de este ejercicio es mostrarle cómo calcular el beneficio que obtendrá al vender un producto.

Un abrelatas está publicado a $30 en Amazon. Ahora, debe usar esta aplicación llamada calculadora Amazon FBA. Solo busque en Google y podrá usar la aplicación ya que es gratuita. Simplemente ingrese lo que quiera en la calculadora y podrá ver el beneficio que obtendría si el abrelatas se vende a este precio.

El margen de beneficio es enorme en la mayoría de los productos. La calculadora me dijo que podría ganar casi $20 si el producto se vendiera. Entonces, si de alguna manera puedo encontrar una tienda que venda este abrelatas a $15, puedo obtener una ganancia de $5. Si comienza a buscar en las tiendas, encontrará muchas cosas que aún no están en Amazon. Puede vender estos productos con más ganancias.

Crear una Cuenta

Si finalmente ha decidido que desea vender su producto en Amazon, puede continuar y crear una cuenta. Entonces, vaya al sitio de Amazon y desplácese hasta la parte inferior. Encontrará la opción de "Vender en Amazon" en la parte inferior izquierda.

Ahora, si está buscando comenzar un negocio serio, le recomiendo que se registre como vendedor profesional. Hay varios beneficios que obtiene si usa una cuenta de vendedor profesional y si realmente quiere ganar dinero a largo plazo, tendrá que elegir la cuenta de vendedor profesional de todos modos. Es mejor hacerlo ahora.

Amazon realmente valora a sus vendedores y, por lo tanto, también le brinda un mes gratis cuando se registra como vendedor profesional. Por lo tanto, si cree que no necesita el paquete de vendedor profesional, puede cambiar a una cuenta más simple después de un mes. Amazon no le cobra por la cuenta pro hasta después de la finalización del mes. Es como una prueba gratuita.

Tan pronto como se registre, también obtendrá la aplicación gratuita para vendedores de Amazon que puede usar para escanear productos que encuentre en su hogar y en las tiendas. La aplicación es como Scoutify, excepto que es gratis. Si es un principiante, definitivamente debería usar esta aplicación, ya que es más fácil de usar y no estaría gastando dinero.

Herramientas

Hay ciertas herramientas que necesitará si desea ser un vendedor de pleno derecho. Lo primero y más básico es un ordenador. Si no tiene uno, entonces realmente no puede convertirse en vendedor. Su teléfono inteligente no puede reemplazar un ordenador portátil. Necesita uno para controlar todos los pedidos y colocar sus productos. Asegúrese de que su ordenador portátil esté bien equipado porque si decide vender regularmente, se convertirá en su mejor amigo.

En segundo lugar, necesitará un teléfono inteligente. Existen miles de aplicaciones que son realmente útiles para un vendedor. Si quiere ser un experto en lo que está haciendo, entonces necesita ese teléfono para estar siempre alerta. También le permite ser mejor en lo que está haciendo. Puede vender sus productos incluso si está de vacaciones y podrá subir fácilmente fotos e información sobre su producto incluso si no está en casa.

Necesitará una báscula de envíos. Una báscula de envíos mide el peso de su caja. Es importante porque un aumento de peso, incluso en unos pocos gramos, puede causar muchos problemas. Esta herramienta será útil ya que su caja no será devuelta por tener las medidas incorrectas.

Un medidor de caja es importante para cualquiera que intente ahorrar dinero. Puede cortar una caja enorme al tamaño que desee. Esto permite que su paquete sea más compacto y ni siquiera tiene que poner algo en el espacio de relleno. Este es un gran problema porque los rellenos de empaque pueden requerir mucho dinero. Corte su caja para que se ajuste fácilmente al producto.

Las pegatinas de agrupación también son importantes. Si desea enviar un conjunto a alguien, Amazon podría separarlos. Esto puede ser un gran problema porque los conjuntos deben ir juntos. Los adhesivos combinados le dicen a Amazon que los productos están en un solo conjunto y deben permanecer juntos.

Las bolsas de polietileno con cierre automático hacen magia. Si tiene que empacar algo rápidamente, simplemente puede ponerlos en bolsas de polietileno autosellantes y están listos para salir. Existen numerosos productos que se pueden empacar fácil y rápidamente con bolsas de polietileno.

También puede comprar una impresora Dymo si desea ahorrar tiempo. Una impresora Dymo ahorra mucha tinta porque es térmica y también imprime etiquetas de artículos a pedido para que no tenga que esperar hasta el final para imprimir las etiquetas.

Las etiquetas Dymo son adecuadas para una impresora Dymo. Son resistentes al agua y tienen un adhesivo muy fuerte. Esto las hace duraderas.

También tiene que comprar un escáner. Puede comprar uno con Bluetooth que se conecte a su ordenador sin cables. Ahorra mucho tiempo y se puede transportar fácilmente para que pueda escanear elementos mientras trabaja.

También debe obtener un paquete de etiquetas de dirección para que el servicio de mensajería pueda encontrar la dirección fácilmente.

Aparte de eso, necesita buenas impresoras y etiquetadoras para sus paquetes. Asegúrese de comprar estas cosas al por mayor porque va a necesitar mucha cantidad.

Capítulo 5:
Detalles de FBA

Hay varias cosas a considerar cuando vende un producto a través de FBA. Existen numerosos detalles que impactan su rentabilidad y ventas. Entonces, si usted es alguien que vende el producto sin tener en cuenta los detalles, probablemente tendrá muchos problemas. Considere estas pequeñas cosas antes de comenzar con el esquema de FBA como parte de su negocio.

Costos

FBA no es barato y tiene varios costos asociados. Si desea ser vendedor FBA, Amazon le cobrará ciertos cargos. Esto reduce su margen de beneficio y, por lo tanto, debe considerar el costo de FBA antes de establecer el precio del producto que está vendiendo.

El costo principal de vender en Amazon es cierto porcentaje de su venta. Esto es algo que usted tiene que pagar. Amazon le proporciona un mercado en línea para vender su producto y, por lo tanto, es justo que requiera algo de dinero en cada venta.

Los cargos de la FBA no son comunes para todos. Son diferentes según el producto. El peso del artículo determina el costo de envío, las tarifas de manejo son en su mayoría estables e iguales para todos los productos, las tarifas de recolección y embalaje dependen de la distancia que el representante de Amazon tenga que viajar y la cantidad de material que se utiliza para empacar el producto y los costos de almacenamiento también dependen de la cantidad de espacio que cubre el producto. Es por eso por lo que se recomienda vender productos que sean pequeños. Reduce seriamente todos estos cargos. Los productos más grandes ocupan mucho espacio y generalmente requieren muchos cargos de envío y embalaje. Puede reducir los cargos de recogida llevando el producto a las instalaciones de almacenamiento de Amazon usted mismo. Pero esto no es posible para la mayoría de las personas, ya que la mayoría de las instalaciones de almacenamiento se encuentran lejos de las ciudades.

Puede usar la aplicación de calculadora FBA para ver si le sería rentable usar FBA. Realmente la comodidad de esto no tiene precio. Amazon hace todo el trabajo por usted en FBA y, por lo tanto, le permite concentrarse en hacer crecer su negocio. Por eso es difícil calcular realmente si se beneficiará de FBA o no.

Debe considerar el costo antes de seleccionar un producto para FBA. No está obligado a vender todos los productos bajo FBA. Si descubre que no va a obtener ningún beneficio vendiendo un producto bajo FBA, continúe y venda ese producto a través de MF.

La venta de productos al por mayor generalmente reducen el costo. Si vende solo una botella de agua, obviamente el costo de venderla a través de FBA será demasiado, pero si vende un montón de botellas, el costo por botella sería muy bajo. Sea inteligente cuando venda productos a través de FBA. Tenga en cuenta las demandas del cliente y no cobre un precio más alto solo por el bien de FBA.

Etiquetado

Cuando envía el producto al servicio de almacenamiento de Amazon, debe etiquetarlo. Hay dos opciones que Amazon le ofrece para el etiquetado. Ambas opciones son muy diferentes y deben considerarse cuidadosamente, ya que afectan sus ventas y rentabilidad. El inventario etiquetado de FBA implica poner una etiqueta en cada producto que envía a Amazon. De esta manera, Amazon puede realizar un seguimiento de los productos individuales que envía bajo el esquema FBA.

La pegatina FBA menos Inventario implica no poner ninguna etiqueta en el paquete en absoluto. Amazon identifica su producto y lo mezcla con otros productos similares que se venderán bajo FBA. Esto requiere menos trabajo ya que su producto no tiene que estar etiquetado y también garantiza un envío más rápido porque los productos pueden procesarse más rápido en grupos.

Pruebe ambos métodos para diferentes tipos de productos que vende. Si prueba ambos métodos, podrá comprender cuál es mejor. Ambos métodos cuestan lo mismo, pero uno será más adecuado que otro según el producto. Es posible que desee utilizar este método de las pegatinas para productos extremadamente comunes para garantizar una entrega más rápida. El método etiquetado es más seguro porque es bastante común que haya fraudes. Para que su producto sea seguro, es posible que desee utilizar el método etiquetado. Definitivamente debe usar el método de las etiquetas para los productos caros para asegurarse de que se manejan con cuidado.

Es posible que también desee considerar los cargos de etiquetado en su margen de beneficio antes de elegir un método para sus productos.

Producto

Este es uno de los parámetros más importantes cuando intenta establecer su negocio FBA. Debe asegurarse de que su producto tenga ciertas cualidades. También tiene que lidiar con todo lo relacionado con su producto para venderlo y obtener ganancias.

Asegúrese de que su producto esté en el rango de $10-50. No querrá seguir adelante y comprar un producto costoso porque sería muy arriesgado. Hay mejores posibilidades de tener éxito a través de FBA si vende un producto más barato. Intente elegir un producto perecedero que no tenga muchos usos. Esto se debe a que los clientes generalmente desean dichos productos a un ritmo más rápido y, por lo tanto, buscan vendedores FBA. Asegúrese de que el producto no sea demasiado grande o pesado. Como debe pagar por el almacenamiento del producto, es mejor asegurarse de que el producto sea ligero y, por lo tanto, no reduzca el margen de beneficio.

Analice a sus competidores. Vea si alguno de ellos tiene algún producto que tenga un rango inferior a 5000 en la categoría de superventas. Hay muchos productos en Amazon, por lo que si su competidor tiene algunos que están en la categoría de los más vendidos, es mejor mantenerse alejado de ese campo. Además, intente buscar un producto que no se rompa fácilmente. No quiere lidiar con la pérdida de un solo producto. Podría afectar sus márgenes de ganancia. Asegúrese de que sus productos estén empaquetados correctamente cuando los envíe a Amazon.

Mire los comentarios de un producto que va a vender. Si un producto tiene muchas críticas, aléjese de él. No debería meterse en un nicho que ya está dominado por cierto vendedor. Si hay menos de 50 reseñas de un producto en la primera página, entonces el mercado para ese producto está mayormente abierto y definitivamente puede obtener más clientes a un precio más bajo.

Si está haciendo un producto, no debería gastar demasiado. Los costos de fabricación solo deben ser del veinticinco por ciento del precio de venta real del producto. Esto asegurará que pueda cubrir el FBA y otros costos varios y que aún pueda obtener una ganancia considerable en todas sus ventas.

Capítulo 6:
El Procedimiento

Si desea vender un producto a través de FBA, debe seguir un determinado procedimiento. Es importante asegurarse de realizar este procedimiento y comprenderlo completamente antes de comenzar a vender. Prepárese de acuerdo con este procedimiento y con los productos que pueda necesitar por adelantado. Recuerde, nunca se está demasiado preparado.

Paso 1: Entregue su Producto a Amazon

En este paso, todo lo que tiene que hacer es enviar su producto a Amazon para que puedan almacenarlo por usted. Puede enviar un producto absolutamente nuevo e incluso un producto ligeramente usado si lo desea.

Vaya a la central del vendedor. Se puede encontrar la Central de Vendedor en su cuenta y aquí puede cargar sus listados. Sus listados son sus productos y así es como aparecerán sus productos en la página web.

Amazon aprobará toda su lista o parte de ella. Amazon tiene un equipo de especialistas que se aseguran de que solo se vendan productos verdaderos y de alta calidad en Amazon. Si vende productos de buena calidad, entonces no tendrá problemas para obtener la aprobación de Amazon.

Amazon le proporciona un PDF que puede imprimir si desea una etiqueta o también puede usar el servicio de etiquetas de FBA como alternativa. Luego tiene que enviar el producto a Amazon. Amazon le ofrece un envío con descuento, pero si desea usar su propio transportista y enviar el producto usted mismo, también puede usar esa opción.

Paso 2: Almacene su Producto

En este paso, Amazon recibe su producto en sus instalaciones y luego lo almacena para usted. Amazon catalogará su producto y lo almacenará en su inventario. Amazon tiene algunas excelentes instalaciones de almacenamiento donde sus productos son atendidos y están listos para ser enviados en tan solo unos minutos, siempre que sea necesario.

Primero, Amazon recibirá todos sus productos y luego los escaneará para que pueda realizar un seguimiento de sus productos. También le envía un mensaje instantáneo, informándole que el producto ha sido recibido.

Amazon luego trabaja en el almacenamiento de su producto. Comprueba su producto y anota todas sus unidades. Verifican el peso, la altura y otras dimensiones para encontrar un lugar apropiado para almacenar su producto. También ayuda a fijar el costo de manejo y almacenamiento de los cargos por el producto.

Amazon le brinda servicios de clase mundial. Mantiene un seguimiento de todo su inventario utilizando su sofisticado sistema de seguimiento. Si se realiza un pedido de un producto, Amazon puede encontrar ese producto rápidamente para que pueda enviarse. También le envían actualizaciones sobre el procedimiento de procesamiento. El sistema de seguimiento es muy efectivo.

Paso 3: Lidie con los Pedidos

En el siguiente paso, un cliente encuentra su producto y luego lo ordena. Su trabajo termina tan pronto como envía el producto a Amazon. La ejecución de la orden es realizada completamente por Amazon y sus proveedores de servicios de almacén. Amazon cumple los pedidos que se colocan directamente en su página e incluso cumple los pedidos que usted solicita que no son del sitio web. Entonces, si alguien le pregunta informalmente por su producto, puede pedirle a Amazon que le envíe el producto.

Todas sus publicaciones se clasifican según el precio. El precio no incluye ningún costo de envío. Esto se debe a que todos los usuarios de FBA tienen la oportunidad de vender sus productos sin costos de envío excesivos.

Todos los productos de FBA que venda son elegibles para Prime. Así que, si un cliente Prime compra el producto, Amazon se asegura de que el producto se entregue en dos días.

Si su despacho de pedidos no es de Amazon, habría costos de envío adicionales y el cliente no será elegible para la entrega Prime. Esto se debe a que Amazon ofrece ciertas ofertas solamente a los usuarios que realizan pedidos a través de la página web.

Paso 4: Envío del Producto

En el siguiente paso, Amazon recoge su producto de su inventario y luego lo empaqueta adecuadamente. El embalaje se realiza nuevamente porque Amazon se asegura de que el producto no se estropee y llegue intacto a manos del cliente.

Amazon primero localiza su producto. Las instalaciones de almacenamiento de Amazon son enormes. Existen numerosos productos allí y, sin embargo, Amazon recoge su producto en solo unos minutos después de que se haya recibido el pedido. Tienen un sistema web hacia almacén de muy alta velocidad. El sistema realiza un seguimiento de todos los productos y tan pronto como se recibe un pedido, el sistema localiza su producto y lo clasifica. Este sistema también empaqueta su producto cuidadosamente.

Los clientes también tienen la opción de unificar el pedido de su producto con otros productos FBA.

Paso 5: Envío

En el último paso, Amazon envía su producto para que el cliente lo reciba. Hay numerosos productos que se envían desde el almacén todos los días y, sin embargo, Amazon mantiene una pestaña de todos estos pedidos y le envía actualizaciones regularmente.

Amazon envía el producto en función del sistema de entrega elegido por el cliente. Si el cliente necesitaba el producto en un día, Amazon atenderá esa solicitud. El sistema no es perfecto y, a veces, las personas no reciben sus productos en un día, pero esto es muy raro.

Amazon también proporciona al cliente información de seguimiento. El cliente puede iniciar sesión en su cuenta y verificar dónde está su pedido. Amazon también envía actualizaciones similares al vendedor.

Si el pedido estaba en la página web de Amazon, el cliente puede contactarlos si tienen algún problema. Amazon brinda atención al cliente para usted. No tiene que hablar directamente con el cliente. Si hay reemplazos, Amazon también se encarga.

El procedimiento es realmente simple y cada paso le informa sobre cómo puede ganar dinero usando FBA. Así que, si desea usar FBA, simplemente puede seguir los siguientes pasos que se dan a continuación.

Paso 1: Vaya a la página Administrar Inventario y seleccione un producto que le gustaría incluir como un anuncio FBA. Usted marcará casillas en la columna de la izquierda. Simplemente selecciónelas si desea vender un producto bajo FBA.

Paso 2: Haga clic en el menú Acciones y luego seleccione Cambiar a FBA.

Paso 3: Ahora, en la página siguiente, haga clic en el botón Convertir.

Paso 4: Luego, siga las directrices dadas para enviar sus productos a Amazon.

Conclusión

¡Gracias nuevamente por comprar este libro!

Espero que pueda ayudarlo a comprender el esquema FBA, que puede ser realmente complejo para un vendedor por primera vez. Si es su caso, entonces espero que el libro le haya dado mucha información para comenzar. Hay varios beneficios que vienen con FBA, pero también hay varios problemas. Asegúrese de ser inteligente en su trabajo y estudie todo cuidadosamente antes de comenzar con su propio negocio de FBA. Sea flexible y tome consejos de donde pueda obtenerlos.

El siguiente paso es configurar su propia cuenta de vendedor. Anímese y venda tanto como sea posible en Amazon. Recuerde controlar sus márgenes de beneficio para poder aprovechar al máximo el esquema FBA.

¡Buena suerte!

MARKETING DE AFILIACIÓN

Guía Comprobada Paso a Paso para Obtener Ingresos Pasivos con el Marketing de Afiliación

Mark Smith

Tabla de Contenidos

Introducción

Quiero darle las gracias y felicitarle por comprar el libro, *"Marketing de Afiliación – Guía Comprobada Paso a Paso para Obtener Ingresos Pasivos con el Marketing de Afiliación"*.

Este libro contiene pasos y estrategias comprobadas sobre cómo comenzar el viaje extremadamente emocionante y exitoso de los Programas de *Marketing* de Afiliados. Este libro le brinda una perspectiva bastante detallada sobre qué es el *marketing* de afiliación, cómo funciona, cuál es la jerga común que debe aprender y dominar, la importancia de crear y mantener un excelente blog y/o página web, y los mejores socios afiliados establecidos con los que definitivamente debe registrarse.

También he dedicado un capítulo sobre las diferentes formas en que puede aprovechar su presencia y popularidad en las redes sociales para respaldar sus programas de afiliación. Desafortunadamente, como todas las cosas en el mundo, los programas de afiliados también albergan a algunos estafadores listos para atacar a víctimas inocentes y privarlas de dinero y otros objetos de valor. Este libro tiene un capítulo sobre cómo identificar y evitar a esas personas y entidades comerciales deshonestas.

¿Qué es el *Marketing* de Afiliación?

El internet, o la World Wide Web, comenzó su gran fase de crecimiento durante la década de 1990 y, desde entonces, no se ha mirado hacia atrás para el elemento tecnológico sorprendente y en constante expansión. Al igual que con el advenimiento de algo nuevo, las empresas también están buscando formas de aprovecharlo para el *marketing*. Y el internet era un gran espacio ilimitado de publicidad y *marketing* para empresas pequeñas, grandes o medianas.

Los consumidores estaban siendo atendidos en todos los rincones del mundo y, de repente, para muchas organizaciones, el tamaño de su público objetivo se multiplicó y continúa creciendo a medida que más y más personas acceden a internet, especialmente en las grandes economías emergentes.

La aparición de motores de búsqueda ha aumentado el poder de internet y ha dado lugar a una plataforma gigantesca que puede soportar tanto la información como el comercio electrónico. Los propietarios de páginas web están aprovechando el excelente contenido para mejorar el tráfico y los dueños de negocios están aprovechando las páginas web y blogs para mejorar su propio alcance y base de clientes.

El *marketing* de afiliación se basa en relaciones e idealmente incluye tres partes interesadas principales: el anunciante, el editor y el consumidor. Déjeme darle un resumen de cada una de estas partes interesadas:

Anunciante- En *marketing* de afiliación, un anunciante es cualquier persona que quiera vender sus productos. La categoría de anunciante incluye empresas que también buscan vender sus productos. Los productos que se venden pueden variar desde productos electrónicos hasta alimentos, billetes de avión, seguros y productos de inversión y más. El elemento crítico aquí es que, como anunciante, debe estar dispuesto a pagar a las personas que ayudan a promocionar y vender sus productos y negocios.

Editor- Un editor puede ser una empresa o un individuo que promociona y vende los productos y negocios del anunciante por un cargo o comisión. El anunciante y el editor celebran un contrato en el que el primero proporcionará materiales de *marketing* en línea, como pancartas publicitarias en línea, enlaces a sitios web y anuncios de texto que el segundo incorporará a su sitio web.

Consumidor- La parte final y la más importante en la configuración de *marketing* de afiliación triangular es el consumidor. El consumidor es quien ve el anuncio y toma medidas que podrían incluir hacer clic en un enlace dirigido al sitio web del anunciante o completar un formulario que el anunciante ha solicitado. Esta finalización de la acción por parte del consumidor se denomina conversión, que es lo que se rastrea para los pagos de comisiones debidos al editor.

Una Breve Historia del *Marketing* de Afiliación

El *marketing* de afiliación funciona de tal manera que los anunciantes recompensan a los editores por cada nuevo consumidor y/o nueva transacción comercial que los editores aportan a través de sus propios esfuerzos de *marketing*.

La era antes del Internet- Aunque la frase "*Marketing* de afiliados" es convencionalmente un término en línea, el concepto de afiliado existía incluso antes de la llegada de internet. Para el caso, el concepto todavía existe en un modo fuera de línea. Un ejemplo clásico es cuando su esteticista o peluquero le da un descuento si le refiere a un amigo.

Una gran diferencia entre el modo fuera de línea y el modo en línea es que en el modo fuera de línea del modo tradicional, el alcance del *marketing* de afiliación no es tan amplio como el del modo internet. Otra diferencia clave entre los programas de *marketing* de afiliación en línea y fuera de línea es el de rastrear sus referidos. En el modo en línea, esto se ha automatizado y funciona de maravilla y no hay un solo cliente potencial convertido que se pierda, mientras que en el modo fuera de línea, el seguimiento y el pago de los referidos es una pesadilla logística.

La Revolución del Internet- El internet es, quizás, el descubrimiento más profundo del siglo XX. Ha cambiado la forma en que llevamos nuestras vidas. El internet ha influido en todos los aspectos de nuestras vidas, incluida la publicidad. Los consumidores han comenzado a buscar información, opiniones, reseñas de productos y otros detalles en internet y, por lo tanto, se ha convertido en una herramienta poderosa en manos de los anunciantes.

A medida que la tecnología avanzó y se lanzaron versiones más recientes de internet, el efecto de la publicidad podría rastrearse más fácilmente. Con la introducción de cookies en la Web 2.0, puede verificar fácilmente el efecto de sus campañas publicitarias en su embudo de compra. Y, además, los niveles mejorados de *blogging* de los consumidores, la gran cantidad de contenido que se genera en la web y la apertura de la plataforma de comercio electrónico fue un escenario perfecto para el inicio del *marketing* de afiliación.

El concepto de *marketing* de afiliación tan popular hoy en día fue diseñado, patentado e implementado para su uso por William J. Tobin. El primer programa de afiliados fue creado por W. J. Tobin para su compañía, PC Flowers and Gifts. Amazon lanzó su proyecto de afiliación llamado Programa de Asociados en 1996, que se considera un hito importante en el mundo del *marketing* de afiliación. El Programa de Asociados de Amazon generó un interés global de gran alcance y muchos minoristas lo usaron como modelo para formar sus propios programas de afiliación.

Clickbank y Commission Junction abrieron sus redes de

afiliados en 1998 y con la llegada de estas redes, el *marketing* de afiliación se hizo mucho más accesible que antes, especialmente para los minoristas más pequeños. Estas dos redes facilitaron los intercambios entre afiliados y comerciantes y también ofrecieron soluciones de pago. En el año 2000, la Comisión Federal de Comercio de los Estados Unidos publicó un conjunto de normas y pautas para el *marketing* de afiliación que le dio al reino del *marketing* en línea un sello de aprobación del gobierno. En 2008, varias legislaciones en forma de nuevas pautas de divulgación y el Impuesto Nexus de Afiliados ayudaron a racionalizar y regular el campo del *marketing* de afiliación.

Con la breve historia anterior y una comprensión básica de "qué es el *marketing* de afiliación", me gustaría reiterar el poder de esta herramienta de publicidad para ayudarle a mejorar su propio estado financiero al conectarlo con millones de televidentes en todo el mundo, incluido ciudades altamente pobladas, bulliciosas y cosmopolitas como Nueva York, Singapur, Londres, Los Ángeles, Pekín, Tokio y más, a las zonas realmente remotas de economías emergentes como India, Brasil y los interiores de China.

Espero que este libro le brinde el cargo requerido para ayudarlo a despegar y mantener un programa de *marketing* de afiliación altamente rentable a través de sus páginas de redes sociales y/o su propio blog y página web.

Capítulo 1: ¿Cómo Funciona el *Marketing* de Afiliación?

El *marketing* de afiliación aprovecha las *"cookies"*, una tecnología simple e inocua que se integró en la Web 2.0, para dirigirse a un público específico y, por lo tanto, aumentar en gran medida las posibilidades de conversiones de clientes potenciales. Una *cookie* también ayuda a identificar, rastrear y evitar el *spam* y el *malware*, y también ayuda a mejorar la efectividad del *marketing* de afiliación.

¿Qué es una *cookie*?

Una *cookie* es una tecnología que colabora con los navegadores web para rastrear y almacenar datos críticos de *marketing*, como el registro del usuario y la información de inicio de sesión, el contenido del carrito de compras y las preferencias del usuario. Estoy seguro de que hay muchas veces que hace clic en "Sí" a la pregunta del ordenador, "¿Desea que se recuerde su identificación de usuario y contraseña para este sitio web?" Esto es un ejemplo de una *cookie*.

¿Se da cuenta de que cuando navega por la web en busca de algo, encuentra una gran cantidad de anuncios y ofertas basados en viajes? Esto se debe a que ha sido memorizado, es decir, cuando ha buscado ofertas de viaje anteriormente, esa búsqueda ha sido almacenada por las *cookies* y, por lo tanto, los anuncios basados en objetivos están llegando a otros sitios web por los que está navegando. Las *cookies* son excelentes maneras de ayudar a los anunciantes a rastrear las preferencias de los usuarios y enviarles pancartas y ofertas de consumo que satisfagan las necesidades del usuario. En tales casos, en los que los productos del anunciante coinciden perfectamente con las necesidades del consumidor, las posibilidades de conversiones de clientes potenciales son altas.

Las *cookies* rastrean y registran los siguientes tipos de información con respecto a los consumidores:

- Enlaces a sitios web en los que ha hecho clic
- Anuncios de sitios web en los que ha hecho clic
- Páginas web que ha visitado
- Hora y fecha cuando hizo clic en cualquier enlace
- Hora y fecha en que usted visitó las páginas web
- El tipo de contenido y sitios web que más le gustan

Cuando un consumidor visita el sitio web de un editor, le gusta y hace clic en el enlace o anuncio del sitio web del anunciante, el navegador web del consumidor recibe la *cookie* de seguimiento e identifica y almacena la siguiente información:

- ¿Quién es el anunciante?
- ¿Quién es el editor?
- ¿Cuál es el anuncio o enlace en el que se ha hecho clic?
- Importe de la comisión adeudada al editor

Toda la información anterior se almacena en la información del enlace en el campo "parámetros". Este campo también contiene otros datos anónimos que se utilizan para la atribución.

¿Qué son las redes de afiliados?

Las redes de afiliados como Google Affiliate Network, ClickBank, Commission Junction y más son centros que conectan editores y anunciantes. Estas redes tienen los medios tecnológicos para rastrear transacciones y clientes potenciales, ofrecer soluciones de pago e informes requeridos. Los anunciantes, por supuesto, tienen la opción de utilizar estas redes establecidas para sus programas o emplear su propia plataforma interna.

Tomemos un enlace específico y aprendamos y comprendamos cómo algunos de los identificadores críticos se usan y almacenan en la información del enlace, que luego usan las redes afiliadas y/o anunciantes para rastrear y realizar pagos. El siguiente es un ejemplo de un enlace:

```
<a href="http://www.tkqlhce.com/click-5377085-
10590299?sid=012-123" target="_blank">
webservices.cj.com</a><img border="0" height="1"
src="http://www.ftjcfx.com/image-5377085-10590299"
width="1" height="1" border="0" />
```

Las siguientes características del enlace son información crítica basada en el *marketing* de afiliación que debe conocer y tomar en cuenta:

ID del sitio web del editor (o PID) - En el ejemplo anterior, el PID es 5377085, que es la identificación única del editor. Un programa de afiliación de *marketing* generalmente le da a un editor una identificación única y, en virtud de la cual él, ella o la compañía podrían tener varias cuentas. Por ejemplo, usted como editor podría tener múltiples sitios web, y todos podrían estar vinculados a este PID único.

Como editor, podrá promocionar el negocio, los servicios y los productos del anunciante mediante la visualización de anuncios, pancartas, enlaces de texto, cuadros de búsqueda y más. Cada vez que se generan clientes potenciales exitosos para el anunciante desde su sitio web, usted recibe comisiones pagadas que generalmente son un porcentaje de la venta real o un monto fijo dependiendo de la transacción de venta.

ID del anuncio (o AID) – En el ejemplo anterior, el AID es 10590299 e identifica el enlace específico. Este AID permite el seguimiento del rendimiento del enlace particular en cuestión y también permite que el editor reciba una comisión pagada. Cada enlace tiene un AID único que permite el seguimiento de los anunciantes adecuadamente.

Un anunciante también se conoce como comerciante, marca o minorista y vende un producto o servicio. Los anunciantes y los editores se asocian entre sí en un esfuerzo por aumentar las ventas. Los anunciantes están más contentos con los programas de afiliación que con otras formas de publicidad, ya que bajo este esquema necesitan desembolsar los montos de las comisiones solamente en clientes potenciales convertidos.

ID del comprador (o SID) - Esta identificación ayuda al editor a rastrear sus generadores de acción referidos. Estos datos se utilizan para recompensar y apuntar a los compradores. Los detalles del visitante se registran cada vez que realiza una compra y/o completa un formulario de cliente potencial. La transacción realizada también se rastrea y almacena para referencia. Los anunciantes y editores dependen de los compradores para tener éxito en su aventura comercial.

Detalles de trabajo de un programa de *marketing* de afiliación

Los diversos pasos y procesos que forman parte de un programa de afiliados se proporcionan a continuación para una sencilla referencia:

- Como afiliado, primero debe registrarse con el anunciante a través de una red de afiliados o directamente. Después de firmar el contrato, obtendrá una URL especial de afiliado o un enlace que contiene el nombre de usuario/ID del afiliado.

- Luego, usted utiliza ese enlace para mostrarlo en su página web. A veces, el anunciante puede enviarle contenido creativo o anuncios para que aparezcan en su página web. Estos detalles generalmente forman parte del acuerdo.
- Cuando un visitante de su sitio web hace clic en el enlace del anunciante, una *cookie* del anunciante se coloca en el ordenador del visitante.
- Luego, el cliente realiza una compra o una transacción requerida en el enlace del anunciante.
- Cuando el visitante completa la transacción, el anunciante verificará la *cookie* en el ordenador y encontrará su identificación de afiliado y le dará crédito por la transacción.
- Luego, el anunciante actualiza todos los informes relevantes que reflejan el tráfico de visitantes, así como las ventas que ha generado su enlace de afiliado.
- Los pagos de comisiones se realizan de forma regular, normalmente mensualmente, en función de las ventas y/o clientes potenciales generados. Estos se detallan claramente en el contrato de contrato firmado por el anunciante y el editor.

Ahora que conoce y comprende qué es el *marketing* de afiliación y cómo funcionan los procesos, el próximo capítulo trata sobre la jerga comúnmente utilizada en el mundo del *marketing* de afiliación. Esto lo ayudará a saber exactamente cuáles son los términos de su contrato y cómo y cuándo se realizan los pagos.

Beneficios del Marketing *de Afiliación*

El *marketing* de afiliación se ha vuelto tan importante en los últimos años que en muchas industrias ha reemplazado predominantemente al *marketing* fuera de línea. En el *marketing* de afiliación, no necesita invertir tiempo y esfuerzo en crear un producto o servicio para vender. Una vez que tenga una plataforma para vender un producto o servicio, puede comenzar a vender esos productos o servicios.

Empresas e individuos pueden utilizar el poder del *marketing* de afiliación para obtener ganancias de cada venta que realizan. Aparte de estos, aquí están los otros beneficios del *marketing* de afiliación:

Subcontratación

La mayoría de los afiliados son expertos en *marketing* de motores de búsqueda, lo que le brindará la oportunidad de llegar a la cima de los motores de búsqueda como Google o Yahoo sin necesidad de gastar demasiado dinero en la optimización de motores de búsqueda.

El *marketing* de afiliación es una de las formas más rápidas para que las pequeñas empresas se expongan al mercado, ya que los anuncios se pueden colocar en varios sitios web. Las empresas también pueden ahorrar tiempo en el *marketing* de afiliación, ya que no hay necesidad de buscar y encontrar clientes potenciales.

Sin Horas Fijas

Cuando comienza con el *marketing* de afiliación, también es usted quien establece sus propias horas de trabajo. Cuando trabaja para un jefe, trabaja cuando se lo dicen. También puede haber ocasiones en las que le pedirán que trabaje horas extra.

Trabajando a sus horas significa que puede elegir el momento ideal cuando cree que su mente estará en la cima de la concentración. Si su mejor hora para trabajar es desde las 6 de la mañana hasta las 10 de la mañana, puede hacerlo durante esas horas. Puede elegir reanudar su trabajo nuevamente por la tarde, durante las horas de más concentración nuevamente. Si está trabajando para un jefe con un plazo determinado, no puede elegir trabajar cuando quiera, lo que puede afectar su trabajo de todos modos.

Solo Incurrir en Costos Fijos

No hay desperdicio de presupuesto cuando se trata de *marketing* de afiliación. El monto pagado a los afiliados es el costo de venta. El propietario del negocio establecerá la recompensa y solamente pagará cuando se realicen las ventas.

Capacidad de Ser Encontrado

Una vez que un consumidor visita los motores de búsqueda como Google y Yahoo, se dirigirán múltiples listados y se vincularán al negocio, lo que proporcionará una mejor oportunidad de ser encontrado en comparación con los otros competidores que solo tienen uno o dos enlaces en la primera página.

Visibilidad

Los afiliados pueden asegurar listados de motores de búsqueda altos y pueden mostrar anuncios en sus sitios web. Al referir clientes, un afiliado solo necesita un sitio web. Esta es una exposición gratuita de marca, producto o servicio que no tiene ningún tiempo improductivo.

Mejores prospectos y adquisiciones

Los afiliados pueden elegir los anuncios que desean usar y anunciar en sus sitios web. Estos afiliados saben quiénes son sus audiencias y futuros clientes. Gracias a esto, pueden elegir las campañas más adecuadas para atraer a estas perspectivas a su grupo demográfico. Se basa en los intereses del afiliado para elegir los anuncios a los que la audiencia probablemente responderá.

Económico

El *marketing* de afiliación es el más rentable cuando se trata de opciones de *marketing* directo. Otras opciones de *marketing* directo como multimedia, vallas publicitarias y publicidad de pago por clic pueden ser efectivas, pero también son costosas. No hay presupuesto desperdiciado en lo que respecta al *marketing* de afiliación, ya que no es necesario pagar a un afiliado a menos que un visitante se convierta en cliente.

Capítulo 2: Jerga Comúnmente Utilizada en el *Marketing* de Afiliación

Antes de aventurarse en algo nuevo, es fundamental aprender las habilidades básicas de comunicación para tener éxito en la empresa. Cómo se nombran los diversos aspectos de un nuevo negocio, qué significan los nombres, qué palabras usan las diversas partes interesadas para comunicarse entre sí, el lenguaje de código utilizado; todos estos elementos son extremadamente importantes para aprender y dominar antes de sumergirse en una nueva aventura de negocio.

Estar familiarizado con los términos que se utilizan en el negocio lo ayuda a ganar confianza cuando habla con personas asociadas con el negocio. Esta confianza mejorada ayuda a mejorar el éxito de su empresa. Usar la misma jerga lo pone al nivel de los experimentados en el campo y mejora significativamente su nivel de confianza.

Este capítulo está dedicado a ayudarlo a aprender los términos y jerga comúnmente utilizados en el *marketing* de afiliación. He organizado las palabras y frases alfabéticamente para facilitar una búsqueda fácil. Entonces aquí va:

Primer pantallazo – Esta es la parte del sitio web o blog que un visitante ve sin desplazarse hacia abajo. Esta parte es lo primero que se hace visible cuando se carga la página.

Adware – Muchas veces denominado *spyware*, generalmente forma parte de un *software* gratuito en el que se incluyen anuncios innecesarios y molestos. Además, muchas veces, estos programas de *software* son difíciles de desinstalar y pueden crear muchas molestias para los consumidores. Los anunciantes establecidos normalmente no desean asociarse con afiliados que utilizan este método de publicidad bastante engañoso.

Acuerdo de Afiliación – Este es un contrato que se le envía cada vez que inicia una nueva relación con un comerciante y/o red de afiliados. Es un documento legalmente vinculante que contiene reglas, regulaciones, responsabilidades, expectativas y otras legalidades críticas relacionadas con ambos lados de la asociación de afiliados, es decir, el editor y el anunciante. Los términos de servicio entre las dos partes son los que supervisan y definen la relación de afiliación.

Enlace de Afiliación – Este es el enlace único que el anunciante le proporciona al comienzo de la relación. Este enlace único lo identifica como afiliado cada vez que el tráfico de su blog y/o sitio web se dirige al sitio web del anunciante. Este enlace ayuda a rastrear las ventas y el tráfico generado por sus esfuerzos de *marketing*. El enlace o URL especial del afiliado está integrado con el nombre de usuario y/o ID del afiliado.

Administradores Afiliados – Los administradores afiliados son personas que ayudan a los anunciantes a administrar sus programas de afiliados. Estas personas tienen la responsabilidad de reclutar afiliados, garantizar que éstos promocionen sus productos y servicios de manera legítima y aumentar las ventas de los afiliados. Los administradores afiliados suelen ser un puente entre el afiliado y el anunciante. Podrían ser empleados internos del anunciante u ofrecer servicios como proveedores externos, como redes de afiliados.

Red de Afiliación – Las redes de afiliados son proveedores de servicios externos que ayudan a los anunciantes a administrar sus programas de *marketing* de afiliados. Estas redes ayudan a conectar al anunciante y a los afiliados, mejorando así el alcance del anunciante. También ofrecen el soporte tecnológico de control requerido para realizar un seguimiento y registrar y entregar informes sobre el tráfico y las oportunidades de generación de ventas creadas por el editor. También se aseguran de que el editor sea pagado correctamente y según el contrato firmado.

Las redes de afiliados facilitan la mejora de los programas disponibles tanto para el anunciante como para el editor en una plataforma común. Algunas redes de afiliados muy populares que operan en el mercado hoy día son Commission Junction, Amazon Associates y ClickBank.

Programa de Afiliación – Es el tipo de programa que ofrecen los anunciantes a los editores en el que este último refiere a las personas a los productos y servicios del primero. El anunciante paga una comisión predeterminada al editor a cambio de dichas referencias. Los programas de afiliación también se denominan programas de socios, asociados, ingresos o intercambio de referencias. Muchos anunciantes utilizan sus programas de afiliación **internos** que se denominan **programas independientes**, cuyo nombre completo es "programas de afiliación independientes".

Aprobación – Los comerciantes o anunciantes dan aprobación manual o automática para asociarse con afiliados. La **aprobación manual** implica que el anunciante examine cada solicitud individual y dé su aprobación para la participación del afiliado en el programa. La **aprobación automática** significa que el anunciante aprueba todas las solicitudes de afiliación de forma instantánea y automática.

***Banner* Publicitario** – Los anuncios de *banner* son anuncios gráficos visuales de los comerciantes que se muestran en la página web del editor.

Devolución de cargo – Puede haber ocasiones en que un cliente referido por usted compre los productos y/o servicios del anunciante, pero cancele el pedido más adelante. Mientras tanto, el anunciante puede haber pagado su comisión. En la cancelación de su pedido, el anunciante deducirá el monto de la comisión que se le pagó y esta deducción se llama devolución de cargo.

En los programas de afiliación que pagan por la generación de *leads*, este recargo puede activarse si el anunciante considera que las referencias son fraudulentas.

Encubrimiento – Se trata de ocultar el contenido de una página web o también puede implicar ocultar códigos de seguimiento de afiliados dentro de los enlaces. Ocultar contenido está en contra de las normas prescritas, mientras que ocultar códigos de seguimiento está permitido y se practica comúnmente en el campo del *marketing* de afiliación para aumentar el número de clics y otras ventajas de *marketing*.

Fraude de Clic – Hay muchos programas de afiliados que pagan en función de pago por clic. En un intento por cobrar más, hay muchas personas que simplemente hacen clic en dicho enlace sin tener ningún interés real en los productos y servicios del anunciante. Estos clics fraudulentos nunca se convierten en ventas y, por lo tanto, se denominan fraudes de clics.

Comisión – Esta es la cantidad de dinero recibida por el afiliado del anunciante para proporcionar referencias y/o clientes potenciales de ventas. Esta cantidad suele ser un elemento predefinido que se paga si el anunciante logra el resultado deseado debido a los esfuerzos de *marketing* del afiliado. Las comisiones a veces se denominan también **recompensas del cliente**.

Enlace Contextual – Este es un enlace que está integrado en el contenido de su blog o sitio web en lugar de ser puesto en la barra lateral, que es una forma más convencional.

Conversión – Se dice que se logra una conversión si un visitante de su sitio web ha hecho clic en el enlace del anunciante y ha completado el plan de acción requerido, como registrarse en el sitio web del anunciante o comprar un producto. Las conversiones dependen del resultado deseado y variarán de anunciante a anunciante. Este elemento generalmente se incluye en el acuerdo de afiliación.

Cookies – Si bien este término no es exclusivo del *marketing* de afiliados, los programas de *marketing* de afiliación aprovechan la ventaja de la tecnología de *cookies* para rastrear y registrar las ventas y transacciones activadas desde el dominio del editor. Las *cookies* se utilizan para asignar identificaciones únicas a varios usuarios para realizar un seguimiento de las conversiones y los pagos.

Aquí se proporciona un ejemplo de cómo funciona una *cookie*. Supongamos que ha escrito un comentario de libro en su sitio web junto con un enlace para comprar el producto en Amazon. Un visitante ve las críticas de libros y hace clic en el enlace para comprar el libro. Sin embargo, por alguna razón, él o ella no pudo completar la transacción. Después de un par de días, el visitante va directamente a Amazon y compra el libro. Como Amazon ya había insertado la cookie en el ordenador del visitante cuando hizo clic en el enlace de afiliado de su sitio web, obtendrá la comisión por esta compra ya que la venta se le atribuye a pesar de que el visitante compró el libro más tarde y sin volver a visitar su sitio web.

Retención/Caducidad de *Cookie* – Cada *cookie* viene con una fecha de caducidad después de la cual esta desaparece del ordenador del cliente. Si el cliente decide completar la compra después de que la *cookie* haya caducado, la venta no se le atribuye. Por lo general, la *cookie* se retiene durante 30-90 días; sin embargo, hay algunos en los que la duración de la retención es mucho más corta.

Relleno de *Cookies* – Esta es una forma furtiva de obtener más atribuciones de ventas por parte de afiliados sin escrúpulos. Las cookies se insertan deliberada y furtivamente desde el sitio web del anunciante al ordenador del consumidor sin que el usuario realmente visite el sitio web del afiliado. Este método se basa en el hecho de que algún día el consumidor visitaría el sitio del anunciante y realizaría la compra que luego se atribuiría al afiliado que introdujo la *cookie*.

Todos los usuarios legítimos desaprueban este tipo de trato encubierto y este tipo de afiliados también está prohibido en muchos programas. Por lo tanto, es importante saber que existen tales tratos clandestinos y que hay formas y medios para atrapar y prohibir al culpable. ¡Nunca consienta este método de *marketing* de afiliación sin escrúpulos!

CPA – El nombre completo de CPA es Costo por Adquisición/Acción. Esto es lo que el anunciante paga al editor en función de la acción de calificación tomada por los consumidores que se dirigen desde el sitio web del editor. Las acciones de uso común incluyen registros y ventas completadas.

El CPA a veces se denomina CPO (costo por pedido) o CPS (costo por venta) y se refiere al monto pagado por el anunciante al editor por cada pedido o venta que califica.

CPC – La forma completa de CPC es el costo por clic y, como su nombre lo indica, se refiere al pago realizado por el anunciante por cada clic en su anuncio en línea que se muestra en el sitio web del editor.

CPL – La forma completa de CPL es el costo por cliente potencial y nuevamente, como su nombre lo indica, es el monto pagado por el anunciante al editor por cada cliente potencial calificado que podría ser en forma de ID de correo electrónico, formularios de registro completos, un formulario de encuesta o cualquier otro como se describe en el acuerdo de afiliación.

CTR – La forma completa de CTR es la relación / tasa de clics, que es una métrica que normalmente se utiliza en la publicidad de venta directa. Esta proporción representa el porcentaje de visitantes al sitio del afiliado que han hecho clic en el enlace del anunciante.

Alimentación de Datos – Es un archivo que contiene todos los detalles del producto de un anunciante en particular. Los detalles incluyen descripciones, imágenes y precios de los productos junto con su enlace de afiliado. Es muy útil cuando establece una tienda en línea que cuenta con productos afiliados.

Divulgación – Un aviso o página en su sitio web que le dice a sus visitantes que le pagan o compensa por comprar productos, endosos de servicios y recomendaciones hechas por usted se llama divulgación. Esto está de acuerdo con las leyes de la Comisión Federal de Comercio.

EPC – O ganancias por clic, que es el ingreso promedio que gana como afiliado por cada clic. Para calcular las ganancias por clic, deberá dividir la cantidad de comisión ganada por el número total de clics en el enlace de afiliado. Aquí hay un ejemplo para ilustrarlo: suponga que ha ganado $4000 como ganancias durante toda la vida de su membresía de afiliado para un enlace en particular y el número total de clics es 12.000, entonces el EPC sería 4000/12000 = 33 centavos.

Primer Clic – Esta es una de las formas de funcionamiento de un programa de afiliados. Permítanme explicar este término con un ejemplo. Supongamos que un visitante llegó a su página e hizo clic en el enlace del anunciante, pero no realizó la compra en ese momento. Después de algunos días, supongamos que este visitante fue a la página de otro afiliado, hizo clic en el enlace del mismo anunciante y realizó la compra.

Este anunciante le atribuye esta venta porque el primer clic en el sitio web del anunciante fue desde su enlace. Sin embargo, esta transacción debe realizarse dentro de la fecha de caducidad de la *cookie*. Dado que el primer clic en el sitio del comerciante fue desde su sitio, se le atribuye la venta siempre que se lleve a cabo antes de la fecha de vencimiento de la *cookie*.

Atribución de Último Clic – Esta es otra forma en que funciona un programa de afiliados. Lo opuesto al primer clic es la atribución del último clic. El sitio que el consumidor visitó por última vez e hizo clic en el sitio web del anunciante recibe la atribución de la venta, si corresponde. En este caso, se ignoran los clics anteriores y solamente se tiene en cuenta el sitio afiliado desde el último clic.

Impresión – Las impresiones miden la cantidad de veces que se muestra un anuncio en una página. Cada vez que se muestra un anuncio es igual a una impresión.

Red Maestra de Afiliados – El uso de un código JavaScript que se coloca adecuadamente en su página le permite vincular algunos o todos los programas de afiliación comercial a través de una red de afiliación maestra. SkimLinks y VigLink son ejemplos de redes maestras de afiliados populares y establecidas.

Nicho – Un sitio web que se ocupa de una vertical o tema específico se denomina sitio de nicho. Por ejemplo, si su blog está dedicado a la cocina, entonces se lo designará como un sitio web especializado.

Umbral de Pago – Muchos anunciantes requieren que los afiliados acumulen un umbral de monto mínimo para realizar el pago de la comisión. Este límite se llama umbral de pago.

PPC – Pago por clic, este modelo de pago implica que el anunciante debe realizar pagos de comisión por cada clic en el anuncio del afiliado. También conocido como costo por clic o CPC, este modelo de pago es utilizado por muchos anunciantes establecidos y redes afiliadas.

ROAS – Es el retorno del gasto en publicidad y es un término utilizado para calcular los ingresos recibidos por cada dólar gastado en anuncios. Es una proporción obtenida dividiendo los ingresos generados por el costo de la publicidad y las campañas.

ROI – Es el retorno de la inversión. En términos simples, se calcula evaluando la ganancia (o pérdida) obtenida contra la cantidad de dinero invertido en el negocio. El monto invertido sería una suma de los montos utilizados para establecer el negocio, costos de publicidad, costos de funcionamiento y más.

PPS y PPL – Pago por venta y pago por cliente potencial son métodos de pago comúnmente utilizados en el campo de *marketing* de afiliación.

Política de Privacidad – Una página en su página web debe estar dedicada a que los visitantes sepan cómo manejará la información privada que le proporcionarán a través de formularios de contacto o mediante métodos de seguimiento ocultos. Esta norma de divulgación es un requisito previo para participar en los programas de afiliación de muchos anunciantes. También es necesario asociarse con Google

Analytics y Google Adsense.

Súper Afiliados – Los que más ganan en cualquier programa de afiliados se conocen como los Súper Afiliados y normalmente estas personas contribuyen hasta el 80% de las ventas totales generadas por el programa. A la mayoría de los anunciantes les encanta asociarse con súper afiliados, ya que esto les libera tiempo para enfocarse en sus competencias básicas, ya que las tácticas de *marketing* de afiliados de todos modos hacen maravillas.

Los Súper Afiliados normalmente disfrutan del poder de la **marca compartida** ofrecida por los comerciantes en donde el enlace del afiliado lleva al visitante a la página de inicio del anunciante, que contiene las marcas tanto del afiliado como del comerciante.

Código de Localización – El seguimiento es la identificación única que le dio el anunciante cuando se registra por primera vez el acuerdo de afiliación. Este código de seguimiento ayuda a realizar un seguimiento del tráfico, las ventas y los clientes potenciales generados por usted como afiliado en función de los pagos de comisiones que se realizan.

Etiqueta Blanca – Hay algunos anunciantes que permiten que sus productos y/o servicios sean vendidos por el editor bajo su propia marca. El consumidor tiene la impresión de que el producto realmente pertenece al editor. Esto se conoce como etiquetado blanco.

Ahora que se le han explicado claramente los términos comunes y algunos términos poco comunes, el siguiente capítulo trata específicamente sobre la importancia de tener una excelente página web o blog para que pueda atraer a más visitantes y, por lo tanto, mejorar las oportunidades comerciales y de *marketing* a través de su Blog.

Capítulo 3: Blog/Página Web – Un Elemento Clave para el Éxito del Marketing de Afiliación

Comenzar y mantener un blog o página web épica es quizás el elemento más importante para tener en cuenta si está buscando que su empresa de *marketing* de afiliación sea un éxito. Si desea monetizar su blog, simplemente junte y actualice algunas publicaciones y luego espere que lo mejor no sea suficiente. Debe ponerse a pensar, trabajar duro y crear un excelente blog que atraiga y retenga a los lectores leales y luego acumule dinero y éxito para usted.

Antes de establecer su blog, debe saber cuál es su nicho, en qué va a escribir y de dónde vendrá su tráfico. Tendrá que sentarse y hacer una investigación seria y encontrar un nicho rentable sobre el que pueda escribir para aumentar el tráfico a su blog y luego monetizarlo. Los siguientes pasos le ayudarán a comenzar un gran blog:

- Escoja un nicho
- Registre un nombre de dominio adecuado
- Obtenga un buen plan de alojamiento de páginas web o
- Instale una plataforma de blogs popular y bien establecida como WordPress, Jekyll, Tumblr, etc.
- Cree un excelente contenido de blog.

¿Cómo elegir un nicho que le sea rentable?

Este es, creo, el elemento más importante en la creación de un blog que, lenta pero seguramente, atraerá más tráfico y, por lo tanto, ofrecerá oportunidades comerciales ilimitadas. Elegir un nicho incorrecto puede ser el principio del fin para usted en los

121

blogs. A pesar del contenido escrito de forma hermosa, un diseño de blog excelente y excelentes imágenes, si no se elige el nicho correcto, no podrá monetizar su blog.

Hay varias formas de encontrar el nicho más rentable y estas son algunas de ellas:

Siga el rastro del dinero – Esté atento a los nichos en los que las empresas gastan la mayor cantidad de dinero en publicidad. Este método es la forma más sensata de encontrar su nicho rentable porque las empresas no gastarán ese tipo de dinero a menos que estén convencidos de que los retornos de la inversión vendrán en grandes cantidades.

¿Cómo se encuentra un nicho rentable usando este método? ¡Simple! Utilice el Planificador de palabras clave de Google y busque las palabras clave mediante una búsqueda como Google o Bing. Si hay más de 3 o 4 anuncios que aparecen al lado de las mismas palabras clave, entonces puede estar seguro de que este es un nicho rentable.

Google Keyword Planner lo ayudará nuevamente a encontrar cuál es el precio promedio de un clic para ese nicho y podrá estimar las ganancias que puede obtener de Google Adsense.

Otra forma de encontrar un nicho rentable es aprovechar la información de Spyfu; una herramienta de análisis de búsqueda bastante precisa. Spyfu le brinda las palabras clave y frases clave que los anunciantes pagan y cuánto. Commission Junction (CJ.com) también lo ayudará a encontrar un nicho que sea rentable.

Facebook – Además de ser la red de redes sociales más grande del mundo, también es una herramienta muy útil para descubrir si el nicho que desea elegir tiene el potencial de hacerle ganar dinero o no. Cree y siga su página de Facebook para conocer y comprender mejor a sus fans. Aprenda sobre sus perfiles, sus gustos y disgustos; use sugerencias de Facebook para ver la competencia, etc.

Investigación de Palabras Clave del Viejo Mundo – A pesar de la aparente antigüedad de este método, créanme, funciona muy bien para decidir sobre un nicho rentable. Con la frase clave correcta, puede obtener mucha información en función de la cual puede elegir o dejar de lado el nicho que está investigando:

El nivel de competencia: a mayor número de búsquedas; mayor demanda del nicho.

Nombre de marcas y empresas relevantes.

Intenciones de los buscadores: invariablemente, las personas que utilizan la revisión de *widgets* son personas interesadas en realizar la compra. Las frases como "nombre y número de *widget*", "marcas de *widgets* principales", "comprar *widget* en línea", etc. indican una mejor oportunidad de ventas completadas, mientras que frases como "widget de queja", "historial de widgets", etc. tienen menos posibilidades de ventas completadas.

Registrar un nombre de dominio adecuado

Aquí hay algunos consejos para ayudarlo a elegir un buen nombre de dominio:

- Apéguese a .com ya que la mayoría de las búsquedas se realizan con .com en lugar de otras opciones como .net, .tv., .info, etc. la opción .net también es buena, pero intente mantener la opción .com.
- Mantenga su nombre de dominio corto y simple.
- El nombre de dominio debe ser fácil de deletrear y

recordar. Evite palabras y frases complejas.

- Evite guiones en su nombre de dominio.
- Recuerde que incluir la palabra clave en su dominio y mantenerla al principio del nombre es mejor que mantenerla al final. Por ejemplo, si "murciélagos voladores" es la palabra clave, un nombre de dominio como murcielagosvoldaoresgeniales.com será más adecuado que venavermismurcielagosvolares.com.
- No se deprima por el hecho de que el nombre de dominio "perfecto" que eligió ya está en uso; regrese al tablero y comience nuevamente. Recuerde que la perseverancia paga.

Adquiera un buen plan de Alojamiento web – Hay muchas empresas de servicios de alojamiento web disponibles en el mercado. Los principales sitios de alojamiento establecidos con un historial probado incluyen Go Daddy y Blue Host. Visite sus sitios web y elija un plan que se adapte a sus necesidades y cartera lo mejor posible.

Instale una plataforma de blogs popular y bien establecida

Hay muchas personas que recomiendan el uso de su propio sitio web a través de un servicio de alojamiento web en lugar de utilizar una plataforma de blogs gratuita. Como hay ventajas y desventajas para ambos, puede investigar y tomar las decisiones adecuadas. Aquí hay una lista de algunas plataformas populares de blogs gratuitas que utilizan personas de todo el mundo:

WordPress.Com – Esta plataforma de blogs gratuita (cualquier actualización tiene un costo) es, quizás, la plataforma de blogs más popular del mundo en la actualidad. WordPress funciona muy bien para aquellos que no desean personalizaciones y complementos agregados. Es una excelente manera de probar y fortalecer sus habilidades de *blogging* aquí sin tener que gastar tiempo y dinero en su propio blog.

Tumblr – Una vez más, una plataforma de blogs gratuita, Tumblr es fácil de configurar. Puede comenzar a bloguear de inmediato y la función "reblog" de esta plataforma es una gran herramienta.

WordPress.org – La principal diferencia entre WordPress.com y WordPress.org es que el primero está alojado en el servidor de WordPress, mientras que el segundo está alojado en un servidor externo. ¡Existe un pequeño costo de alojamiento para WordPress.org y le da acceso a un amplio repertorio de temas y complementos que mejorarán inmensamente el perfil de su blog!

Crea un excelente contenido de blog

El contenido es el rey es el adagio más antiguo y, sin embargo, suena cierto independientemente de la plataforma que usemos. Y nada está más lejos de la verdad, incluso en hacer un gran éxito comercial de su blog. Aquí hay algunas razones de por qué el contenido fue, es y seguirá siendo el rey y por qué debe centrarse en este elemento extremadamente crítico de su blog:

Gran contenido funciona de maravilla para SEO – El contenido original y de alta calidad en un sitio web tiene un gran impacto en las clasificaciones de SEO. El contenido único publicado regularmente con enlaces a otro contenido relevante junto con palabras clave colocadas naturalmente en el texto mejora automáticamente la clasificación de SEO. Una mejor clasificación significa más tráfico a su blog y, por lo tanto, también mayores oportunidades de negocio.

El excelente contenido mejora la participación de los visitantes – Si escribe un buen contenido, los visitantes acudirán a su sitio web ya que se sentirán más comprometidos con su escritura que con un contenido mal escrito. Se animará a los visitantes a dejar comentarios, dar me gusta o incluso compartir su contenido, mejorando así su marca. Otra excelente manera de garantizar que su contenido comience bien y fomentar una excelente relación con el consumidor es asegurarse de que su contenido también esté disponible en las redes sociales y se pueda compartir fácilmente.

Gran contenido genera ventas – Cuando su contenido es único, honesto y transparente, es más probable que las personas crean lo que dice y lo que muestra en sus páginas. Esto los exhorta a realizar compras y hacer clic en los anuncios de los afiliados en su sitio web, lo que aumentará los clientes potenciales y las ventas, lo que a su vez se traducirá en más dinero para usted. Además, la difusión de su marca de boca en boca también aumentará el tráfico.

Excelente contenido agrega valor a la vida de sus lectores – A los consumidores les gusta agregar contenido de valor la mayoría de las veces, ya que invariablemente su vida diaria se ve afectada positivamente. El contenido educativo, como críticas buenas y honestas de productos y servicios, blogs instructivos, videos basados en el aprendizaje, contribuye en gran medida a atraer y retener visitantes leales a su sitio web.

La calidad del contenido de su blog tiene un impacto directo en la forma en que obtiene sus ganancias a través de programas de *marketing* de afiliación. Nunca subestime el poder de crear contenido único y de buena calidad. Asegúrese de actualizar el contenido regularmente y, por lo tanto, aumentar las posibilidades de ganar más dinero a través de la ruta de *marketing* de afiliación.

Capítulo 4: Estrategias del *Marketing* de Afiliación

El *marketing* de afiliados ha experimentado enormes cambios desde su primera aparición en el mundo de internet. Se han establecido muchas regulaciones y leyes; las clasificaciones de SEO son bastante despiadadas al descartar y castigar el contenido débil y de baja calidad; existen grandes desafíos a medida que la competencia gana terreno; se está volviendo realmente difícil mantenerse a la vanguardia en el juego del *marketing* de afiliación.

A pesar de las dificultades, este reino tiene muchas oportunidades en la tienda y si trabaja duro y diligentemente y persiste en sus esfuerzos, seguramente encontrará el éxito. Hay muchas personas por ahí que están haciendo millones a través del canal de *marketing* de afiliación. Hay estrategias simples, directas y honestas que lo ayudarán a ganar terreno aquí y este capítulo enumera algunas críticas e importantes para usted:

Manténgase en un nicho pequeño y profundice

Muchos principiantes cometen el error común de trabajar con múltiples nichos y no tener el enfoque para trabajar duro solo un par de ellos. En lugar de crear múltiples páginas web que abarquen muchos temas, elija 2 o 3 nichos rentables y trabaje duro en cada uno de ellos para aumentar el tráfico y obtener más ventas y clientes potenciales.

Una vez que haya alcanzado cierta cantidad de éxito, encontrará los recursos para manejar una mayor cantidad de nichos en varios temas. Pero al principio trabaje en pareja y profundice mucho en lugar de solo rascar la superficie de muchos nichos.

Los recién llegados al sistema a menudo cometen el error de sazonar su página o páginas con muchas cosas diferentes, imaginando que es probable que las personas compren más porque tienen más opciones. Es típico del pensamiento humano querer tener muchas opciones en cualquier cosa, incluso en los enlaces de un sitio web. Pero esto está mal en muchos niveles. No es una tienda: no tiene que ofrecer a sus clientes la opción de elegir porque no llegaron a su sitio con la compra en mente. Están allí para obtener información, y si es bueno en lo que hace, podrá convencerlos de que compren algo mientras están allí para que usted pueda ganar algo de dinero.

Piense en esto como un concierto con clase para tener solo una promoción de página web y ese página web es la mejor que sus lectores pueden tener. Es decir, tendrá la oportunidad de promocionar un producto o servicio mejor en lugar de tener que hacerlo por 5 o 6 diferentes. Eso no solo confundirá a sus clientes, sino que también lo confundirá a usted. Tendrá que buscar dos o tres compañías diferentes y pensar dónde se verán mejor sus enlaces. En efecto, estará complicando el proceso usted mismo. Es mejor tener fe en un producto o servicio y promocionarlo lo mejor que pueda. Piense en usted como una tienda emergente para promocionar un producto en lugar de un supermercado que ofrece muchas opciones.

Digamos que hay una página web para acampar. En este caso, sería una buena idea afiliarse a una empresa que vende productos de *camping* y ocio, en lugar de un solo producto. Supongamos que escribe un artículo de revisión sobre los últimos sacos de dormir de invierno. Puede señalar las virtudes y los problemas de un producto vendido por su afiliado, y si lo hace correctamente, querrán comprar uno. Debido a que pueden hacerlo fácilmente desde su página, harán clic y tal vez también compren algo más mientras lo hacen.

Siempre es el poder de la sugerencia lo que funciona en la mayoría de los clientes. Les gustará algo si les dices que les estás ofreciendo el mismo producto que has probado personalmente y que te ha gustado.

Por otro lado, si hay demasiadas opciones, digamos que tiene enlaces a media docena de sacos de dormir diferentes, así como a la que ha revisado, irán a un sitio de comparación de precios para ver las cosas. Una vez que abandonen su sitio, es poco probable que regresen, por lo que ha perdido la venta y la comisión. Así que no cometa el error de poner demasiadas opciones a la vez. Si ha publicado solo uno y el sitio web lo ofrece al mejor precio del mercado, incluso si la persona ha abandonado su sitio para hacer una comparación rápida de precios, seguramente volverá a su sitio para hacer clic en el anuncio.

Por lo tanto, quédese con un negocio o producto. Si desea hacer más, configure un sitio web diferente para cada afiliado y concéntrese en eso, en lugar de extenderse demasiado.

Cree contenido superior

Un gran desafío que enfrenta como afiliado es infundir confianza en sus visitantes y proporcionarles valor. Si bien las grandes empresas gastan mucho dinero creando marcas, usted tiene el poder de sentarse y crear contenido tan superior que sería casi imposible para los motores de búsqueda no dirigir el tráfico a su sitio. Dedique tiempo y energía a crear y actualizar contenido excelente y atractivo que a sus visitantes les encantará leer, dar me gusta y compartir. Nada se vende mejor que el elogio de boca en boca de los visitantes leales.

Haga de su sitio una marca por usted mismo

Muchos afiliados grandes en el mercado comenzaron siendo pequeños y, sin embargo, con trabajo duro y perseverancia, han podido crear una marca para sí mismos. Este tipo de construcción de marca ocurre con contenido de calidad consistente, editoriales fuertes y poderosos e incorporaciones de valor que ofrecen a los clientes.

Asegúrese de que sus programas de afiliados incluyan ingresos recurrentes

Las estrategias de *marketing* son extremadamente fluidas en el ámbito de afiliación y lo que funciona hoy no necesita funcionar mañana impulsado por múltiples factores, incluidos cambios en el algoritmo de clasificación, cierre de programas de afiliación, reducción de costos en publicidad y más. Es prudente garantizar que algunos de sus ingresos se basen en ingresos recurrentes, incluso si eso significa que se le pague en cantidades más pequeñas, pero con mayor frecuencia. Si bien los pagos únicos son excelentes para aumentar los ingresos, no ofrecen protección contra cambios importantes que podrían afectar negativamente sus ganancias de los programas de afiliados. Tiene sentido construir lentamente una base de ingresos recurrentes dentro de su cartera de programas de afiliados.

Asegúrese de que el tráfico de sus visitantes provenga de múltiples fuentes

Si confía solo en una fuente para su tráfico, cuando eso se seque o se produzcan algunos cambios drásticos, todo su programa de afiliados se vendrá abajo. Por lo tanto, asegúrese de que su contenido se vea en múltiples plataformas, mejorando así la diversificación del tráfico y reduciendo el riesgo debido a la caída inesperada de una sola fuente.

Asegúrese de que su contenido sea bueno para dispositivos móviles

El uso de dispositivos móviles ha crecido a pasos agigantados y depender de cualquier tecnología que no sea compatible con estos dispositivos es una forma corta y segura de perder muchas oportunidades comerciales.

Tendencias anticipadas y prepararse bien para tendencias estacionales

Hay cientos y miles de nuevas tendencias emergentes en la cima de las cuales los afiliados inteligentes se montan y ganan su dinero antes de que se desvanezca. Es fundamental que evite estas tendencias de ruptura mucho antes y las aproveche antes de que los intereses de los clientes comiencen a disminuir. Google Trends es una excelente manera de verificar las próximas tendencias y prepararse para sacar provecho de la afluencia.

Las tendencias estacionales, por otro lado, son más fáciles de predecir porque se repiten regularmente y conocerá bien el aumento, el pico y la bajada. Esto también le ayudará a prepararse para las tendencias estacionales. Estas medidas preventivas y preparativos garantizarán que no pierda ninguna gran oportunidad de tener éxito en su programa de afiliados.

Participe en programas de afiliación que mejoren sus ingresos de afiliación por magnitud

Si bien las comisiones de pequeño valor por la gran afluencia de tráfico son buenas inicialmente, a medida que crece y evoluciona en el campo del mercado de afiliados, es importante promover productos de alto valor que le brinden mayores ingresos por cada registro o venta aprobada. Aumentar el valor de los productos que promociona es más fácil que aumentar el flujo de entrada de tráfico varias veces.

Cree contenido que cumpla con los requisitos cambiantes de SEO

A medida que Google se vuelve cada vez más sofisticado con su tecnología de SEO e incluye términos similares para que coincidan con las palabras clave, es importante crear contenido que esté sincronizado con estas necesidades cambiantes. Ahora tiene más sentido tener contenido en el texto que sea más relevante para los lectores en lugar de centrarse simplemente en las palabras clave. Por lo tanto, oriente los temas adecuadamente en lugar de palabras clave y frases.

Debe conocer bien el concepto de "SEO". SEO se refiere a la optimización de motores de búsqueda. Debe haber escuchado que muchas empresas tienen un buen equipo de SEO que les ayuda a aumentar su popularidad. Bueno, esto es cierto porque estos equipos trabajan fuertemente para promocionar los sitios web y blogs de la empresa y ayudan a que aparezca en la parte superior de la lista de búsqueda de Google.

Para que esto suceda, debe elegir todas las palabras principales de su blog o sitio web, que probablemente serán escritas en los motores de búsqueda por personas. Si obtienen la combinación de palabras correctas, su sitio aparecerá como el enlace superior. Para esto, también puede hacer uso de una pequeña descripción que lo ayudará a poner todas las palabras principales en su sitio. Pero recuerde que solamente una buena descripción de SEO no funcionará y que también debe tener un buen contenido.

Promocione productos con los que esté muy familiarizado

Comercializar productos con los que está familiarizado tiene muchos aspectos positivos. El primero es que se siente cómodo hablando de sus beneficios y usos, y esta confianza se manifiesta en su contenido. La confianza que se refleja en su escritura es invariablemente percibida por los lectores y las personas que desean comprar el producto se verán obligados a hacerlo.

En segundo lugar, hay una sensación de satisfacción de que sentirá que ha podido convencer a otra persona basándose en su propia experiencia y, por lo tanto, sus comentarios son genuinos y no están fuera de lugar. Tales estrategias de *marketing* honestas definitivamente darán frutos más pronto que tarde, ya que la integridad de sus recomendaciones se extenderá de boca en boca lenta pero seguramente.

Sitios de Revisión de Productos

Una forma clásica de *marketing* de afiliados es crear un sitio de revisión de productos que mantenga actualizado regularmente con revisiones y recomendaciones de productos que ha utilizado. Presentar enlaces al sitio web del producto en la barra lateral o en el contenido es una excelente manera de obligar a los clientes a comprar el producto inmediatamente después de leer su crítica bien escrita. Si la revisión es honesta y directa, sus ingresos de *marketing* de afiliación crecerán a pasos agigantados a medida que agrega y actualiza su sitio regularmente.

Utilice el *blogroll* o el Centro Asociado

Los enlaces de afiliados se pueden colocar en un sitio web como *logroll* o centro asociado. El *blogroll* contiene enlaces de afiliados a múltiples sitios de terceros que también son blogs. Sin embargo, estos enlaces llevan a los visitantes a una página de destino donde pueden suscribirse a un producto y/o servicio.

Sitios que Agregan *Feed* de Productos

Este tipo de sitios también son excelentes para programas de afiliación. Usted, como editor, agregaría varios tipos de información sobre productos y la cargaría en su sitio. Los detalles generalmente incluirían imágenes, precios y especificaciones del producto. Este tipo de información convincente y hechos concretos sobre el producto podrían llevar al cliente a hacer clic en el enlace de su sitio para comprar el producto.

Trabaje Primero en Su Página Web

El *marketing* de afiliación se nutre del interés de las personas en hacer clic en los enlaces a productos que les llaman la atención. ¿Pero quiénes son estas "personas"? Bueno, estas son personas que visitarán su blog o sitio web para leer lo que usted ha escrito. Así que, para atraer a estas personas, debe hacer que su blog o sitio sea lo más interesante posible. Está bien salir y decorarlo todo lo que quiera. Pero asegúrese de seguir con el tema deseado, de lo contrario, las personas solo lo visitarán para burlarse de su blog.

Recuerde que debe establecer una buena base de lectores para conseguir un concierto de *marketing* de afiliación.

Por lo tanto, no es bueno establecer un sitio web hoy y unirse a un programa de *marketing* de afiliación mañana. Hasta que obtenga una buena cantidad de visitantes únicos, o impresiones, en su sitio web, no obtendrá el clic para su afiliado. Aquí, "único" se refiere a nuevos clientes y no a los mismos que probablemente lo hayan marcado y sigan visitando todo el tiempo. Debe haber tenido varios de sus amigos que le han dicho que revise su blog o sitio y también que le han pedido que visite con frecuencia y corra la voz. Bueno, están haciendo esto para que su sitio o blog tenga suficiente "tráfico".

Claramente, no todos van a hacer clic en los enlaces y para obtener una cantidad razonable de clics, necesita muchos visitantes regulares. También debe construir una reputación como experto en su nicho antes de que las personas confíen en usted lo suficiente como para buscar sus recomendaciones. Es como ejecutar un sitio que arroja una pieza interesante de escritura tras otra para atraer a la gente a leerlo y quedarse. Así es exactamente como debe funcionar su sitio web. Debe haber contenido interesante para que la gente lea y permanezca fiel. No es útil si lo visitan solo una vez e inmediatamente se olvidan de su blog.

Debe realizar un seguimiento del número de personas que visitan su página y registrar los números por día, por mes y por año. Esto le ayudará a saber qué tan popular es realmente su blog.

Entonces, ¿qué sucede cuando tiene suficientes visitantes? Antes de preguntar, nadie parece estar seguro de lo que es "suficiente" en este caso. Algunas personas dicen 1.000 impresiones al mes; otros dicen 1.000 impresiones a la semana. Por lo tanto, es seguro asumir que tener al menos 4.000 a 6.000 impresiones al mes lo ayudará a ser lo suficientemente popular. Bueno, entonces debe ser paciente porque tomará tiempo generar ingresos. Recuerde que siempre es acumulativo y para que el número sea alto, debe esperar. No va a ganar $1.000 dólares mientras duerme al final de la primera semana. De hecho, podrían pasar meses o incluso años antes de llegar a esa etapa si alguna vez lo logra. Y ciertamente no ganará mucho dinero con solo un sitio web. Tenga paciencia y tómese el tiempo para aprender qué funciona y qué no antes de tirarse de cabeza. Cuanto más preparado esté, mejores serán los resultados que se le presenten. Hacer un poco de trabajo duro al principio lo ayudará a recorrer un largo camino para establecer una buena línea de ingresos pasivos.

Cualquiera o todas estas estrategias tienen como objetivo aumentar el tráfico a sus sitios y aumentar la confianza de los clientes y visitantes en su contenido, de modo que se les impulse a hacer clic en un enlace de afiliado en su sitio para completar la acción deseada que se traduce en ganancias de afiliado para usted. Es importante recordar que ninguna de las estrategias mencionadas anteriormente es un tipo de formato único para todos. Debe tener en cuenta lo que ha elegido promocionar y quién es su público objetivo y luego tomar decisiones informadas sobre los tipos de estrategias a utilizar.

A pesar del comentario anterior, un sitio web honesto y recto que brinde información y recomendaciones correctas sin exagerar es clave para lograr el éxito de las empresas de su programa de afiliados. El contenido atractivo, relevante y actualizado continúa dominando todos los demás elementos de un gran sitio web que atrae y retiene visitantes leales.

Capítulo 5: Principales Redes de Afiliados

Si bien es muy difícil encontrar una lista exhaustiva de redes y programas de afiliados para todos ustedes con la esperanza de comenzar en este reino altamente lucrativo, este capítulo trata de algunas de las principales redes de afiliados que han construido una gran reputación y marca para ellos mismos. Puede estar tranquilo de que las redes enumeradas a continuación están por encima del tablero y están respaldadas por buenos productos que estará orgulloso de promocionar en su sitio web.

Sin embargo, podría haber redes más pequeñas e igualmente verticales que funcionen bien para usted. Lo que funcione bien para usted dependerá de muchos factores, incluidos lo que planea promover, con quién le gustaría asociarse, con qué nicho es su sitio web y otros aspectos similares. Asegúrese de haber hecho una amplia tarea en los anunciantes y comerciantes con los que elige asociarse antes de firmar.

Commission Junction – CJ, como se le conoce popularmente, es una red de afiliados confiable y consistente bien establecida que es una gran compañía con la que asociarse.

Rakuten Linkshare – Este proveedor de servicios de *marketing* de afiliados ofrece servicios de anunciantes, grandes minoristas y pequeños comerciantes, lo que hace que su base de comerciantes sea lo suficientemente grande como para adaptarse cómodamente a muchos afiliados.

ClickBank – Pionero en este campo, ClickBank continúa teniendo el apoyo de comerciantes más pequeños y, por lo tanto, es atractivo para muchos afiliados.

Amazon – Otro pionero en el campo del *marketing* de afiliación, Amazon tiene una interfaz de afiliación extremadamente fácil de usar y tiene un enorme repertorio de productos para elegir. Estos aspectos hacen de Amazon una red de afiliados muy popular y, a pesar de sus pagos de afiliados inferiores al mercado, es una excelente manera de tener una gran ventaja para que pueda afiliarse con este nombre familiar.

AvantLink – Como jugador relativamente nuevo en el mercado, las muchas estrategias de AvantLink están encontrando muchos compradores, lo que lo ha convertido en uno de los mejores jugadores en el ámbito del *marketing* de afiliación.

ShareASale – Respaldada por una percepción de integridad y honestidad, la red de afiliados de ShareASale tiene mucho apoyo de muchos afiliados en todo el mundo.

oneNetwork Direct – Un gran comerciante de productos y servicios de *software*, oneNetwork Direct de Digital River, ofrece lo mejor en la industria tecnológica y tiene presencia en todo el mundo.

RevenueWire – RevenueWire es especialista en productos tecnológicos y ha construido una excelente reputación para el comercio ético y sostenible.

LinkConnector – Esta gran red de afiliados ofrece productos de una amplia gama de industrias y comerciantes que van desde los 500 principales minoristas en internet hasta los nichos más pequeños.

Pepperjam – Con una reputación de ser muy amigable con

los novatos, la red de afiliados de Pepperjam tiene un gran número de seguidores tanto de comerciantes como de super afiliados.

eBay Partner Network – Respaldado por QCP o la metodología Quality Click Pricing para realizar pagos de afiliados, eBay Partner Network es una plataforma maravillosa con la que asociarse.

Affiliate Window – Affiliate Window, una red de afiliados muy popular en Gran Bretaña con una gran cantidad de premios de redes de afiliados en su haber ahora también está haciendo olas en los Estados Unidos de América.

TradeDoubler – Pionero del *marketing* de afiliación en Europa, TradeDoubler se estableció en Suecia en 1999. Sigue siendo una de las redes de afiliación más populares y de mayor rendimiento en toda Europa.

Avangate – Avangate también es una red de afiliados galardonada con sede en Europa y se especializa en SaaS y productos de *software*.

Millionaire Network – Millionaire Network está abierta a afiliados solamente por invitación y se centra principalmente en el éxito del anunciante.

Zanox – Zanox es otra de las grandes redes de afiliados de Europa con presencia en todo el continente y un atractivo esquema de pago que lo hace muy popular entre los afiliados.

WebGains – Respaldada por un sistema de valores antiguo pero robusto, esta red de afiliados con sede en el Reino Unido tiene una reputación inquebrantable basada en la ética que se espera que aumente su longevidad en el campo de *marketing* de afiliación bastante nebuloso.

Adcommunal – Esta red de afiliados con sede en Canadá ha crecido cada vez más y es uno de los principales actores en el escenario mundial del *marketing* de afiliación.

PeerFly – Un recién llegado en el campo del *marketing* de afiliación, en muy poco tiempo, PeerFly se ha convertido en una de las redes líderes del mundo respaldada por una plataforma de excelente rendimiento y un gran equipo.

Dado que cada sitio es único y tiene sus propias debilidades y fortalezas, es imposible crear una lista completa de redes de afiliados disponibles. La lista anterior contiene solo los populares y los más utilizados. La lista destaca algunos de los grandes jugadores de todo el mundo en el ámbito de la red de afiliados y algunos de ellos, estoy seguro, le funcionarán maravillosamente, especialmente ayudándole en su empinada curva de aprendizaje.

A medida que tenga más confianza y adquiera más habilidades en el campo, encontrará comerciantes y anunciantes más relevantes, quizás más complejos, pero mejor pagados, que estén alineados con sus propios intereses. En ese momento, también podría asociarse con estos afiliados, ya que no hay regulaciones que lo detengan de cualquier número de afiliados con los que desee asociarse.

Elegir el programa de afiliados adecuado

Ahora que hemos entrado en la lista de redes de afiliados de renombre, es importante saber cómo elegir un programa de afiliados que sea bueno para usted. Todos los programas de afiliación son diferentes y debe inspeccionar a fondo cada uno de ellos antes de tomar una decisión. Esta sección cubrirá los diversos aspectos que debe tener en cuenta cuando encuentre el programa adecuado para usted.

Términos y Condiciones

Si ha decidido qué compañía será mejor para usted y sus clientes, es hora de hablar sobre los términos. Después de todo, de eso se trata. Lo primero que debe preguntar es cómo funciona el programa. ¿Se le paga únicamente por las ventas o recibe una comisión por clientes potenciales? Siempre es mejor argumentar por esto último, ya que estará relacionándose con alguien que le está considerando por su popularidad. Por lo tanto, es mejor que aproveche al máximo la oportunidad y discuta a su favor. Puede hacer una gran diferencia cuando se trata de dólares, tanto en la cantidad que puede esperar ganar como en el tiempo que tendrá que pagar.

¿Con qué frecuencia le pagan y cuál es el nivel de pago mínimo? Muchas compañías pagan a principios o al final del mes, o pueden pagar dos veces al mes, generalmente el 15 y el último día del mes. Si tiene cierta preferencia, puede considerar pedirles que cambien el momento del pago. Compruebe que el umbral de pago mínimo no esté establecido demasiado alto. Obviamente, no es rentable pagar cada vez que alguien tiene $10, pero si tiene que acumular $100 o más antes de ver su comisión, puede ser muy desmotivador, a menos que tenga una alta tasa de conversión.

Finalmente, debe conocer la tasa de comisión, tanto la línea de fondo como la estructura. Algunas empresas operan un sistema de dos niveles, donde se le paga a todos los que hacen clic en su afiliado y luego reciben una comisión adicional si completan una compra. Otros negocios solo pagan por uno u otro. Las tarifas de comisión para los afiliados varían considerablemente de menos del uno por ciento para los clics hasta el 75% para algunos productos de descarga digital.

Sin embargo, es más realista trabajar en una cifra entre 5% y 20%, y vale la pena comparar compañías similares para ver si sus tasas de comisión y términos y condiciones son similares.

Recuerde que el dinero es importante, sin duda, pero también tendrá que considerar varios otros factores que lo ayudarán a juzgar si los productos y servicios ofrecidos cumplen con sus estándares. No puede simplemente estar de acuerdo con todo y debe establecer algunas reglas básicas para ellos. Esto puede parecer algo incorrecto, pero también debe mantener el estándar de su blog y sitio web. Para esto, puede enviarles un correo electrónico, enumerando las cosas con las que no estará de acuerdo en su blog o sitio, como contenido sexualmente explícito, armas, productos para adultos, etc. Puede haber compañías que buscarán personas que estén interesadas en dejar espacio para tales artículos. Si sospechan que no ha mencionado explícitamente estos términos, entonces podrían comenzar a proporcionarle enlaces a dichos productos. Por lo tanto, es importante que intente comprobar todo lo que envían solo para tener cuidado.

También debe analizar los derechos y obligaciones y acordar una cláusula de rescisión. Recuerde, si sigue un camino que es extremadamente profesional, entonces será fácil para usted. No puede tomar nada demasiado a la ligera o casualmente, especialmente durante las etapas iniciales. Asegúrese de tener todo firmado y certificado solo para mantener un registro oficial de su alianza y acuerdo. Una vez que esté satisfecho con todo y haya decidido seguir adelante con el trato, entonces no debería haber nada en su camino que lo detenga.

Evite los programas de pago

Cuando escriba "Programas de *marketing* de afiliación" en Google, se verá inundado de visitas. Algunas de estas serán compañías que le pedirán que pague para unirse a su programa. Harán uso de folletos elegantes que puede descargar y mencionarán un plan de pago bien pensado. Además, probablemente le ofrecerán un gran "descuento" para subir a bordo. El costo normal de registro del programa es de $99, pero solo por hoy, será admitido por el precio especial de solo $20, incluso puede ser menor. De hecho, lo harán parecer extremadamente atractivo al cancelar los $99 con una gran cruz roja y escrito al lado solo $20. Todo lo que tiene que hacer ahora es cerrar la ventana y alejarse de dichos programas.

No hace falta decir que hay un millón de sitios web sospechosos que prometen algo, pero se dedican a otra cosa. Ahora, aunque no estoy diciendo que estas personas puedan engañarle, incluso si le cobran una gran cantidad de dinero será para su beneficio y no se molestarán por usted o su sitio web. Así que no confíe en estos y confíe únicamente en sus instintos para hacer lo correcto.

Como ya se indicó, la empresa afiliada no le paga ninguna comisión hasta que realice una venta y recuerde que esta es una venta que no obtendrían sin su ayuda. Entonces, ¿por qué querrían que pague por el privilegio de ampliar su alcance minorista? Se mencionó antes que nadie estaría dispuesto a desprenderse de su dinero solo para promocionar a alguien más. Es como decir que Microsoft quiere contratarle, pero debe pagarles una tarifa por ello.

A veces puede parecer la elección correcta, especialmente si el sitio web que visitó le promete muchas cosas. Estoy seguro de que también lo ha considerado muchas veces solo para comenzar con el *marketing* de afiliación lo antes posible. Debe ser más paciente cuando se trata de *marketing* de afiliación porque, de lo contrario, podría terminar siendo estafado.

¿Pero quién, en el sentido correcto, usaría los datos de su tarjeta de crédito o se registraría en su cuenta bancaria en línea para transferir dinero a una fuente sospechosa? No solo es peligroso para su cuenta, sino ¿qué pasa si termina teniendo un robo de identidad?

Por lo tanto, como regla general, no confíe en ningún sitio web de marketing de afiliación que le prometa un buen negocio si primero les paga algo de dinero. Así no es como funciona y tendrá que encontrar una forma diferente para poder establecer una configuración de *marketing* de afiliación adecuada.

Recuerde, si permanece demasiado tiempo en un sitio web, tendrá la tentación de consultarlo en detalle. En su lugar, elija salir lo antes posible y también borrar las *cookies*.

Otra cosa que parece suceder es que las empresas cobran a los afiliados para unirse a ofertas en artículos de alto precio. Puede obtener un beneficio sabroso de cada conversión, pero de manera realista, ¿las personas que visitarán su sitio van a estar interesadas en cosas de alto precio, incluso si están vinculadas a su nicho? Incluso si puede responder "sí" a esa pregunta, es un principiante en el juego de marketing *de afiliación. ¿No es mejor cometer sus errores gratis?*

Revise el Negocio

Hemos establecido que cualquier afiliado con el que se asocie debe complementar y agregar valor a su sitio para sus visitantes, así como también devolverle un ingreso. Leímos cómo es posible que aumente el número de clientes que visitan la página de afiliados y cuántos negocios pueden establecer juntos si se entienden bien.

Pero para que esto suceda, debe iniciar el proceso de búsqueda y vincularse con los mejores afiliados. Así que asegúrese de investigar un poco e intente elegir el mejor. Después de todo, tiene la opción de asentir o rechazar a un determinado cliente dependiendo de si le gusta o no.

Una forma de buscar los buenos es ver qué otros blogs como el suyo están alojando. Puede verificar aleatoriamente los sitios web que otros blogueros como usted están alojando, especialmente los populares. Una vez que tenga algunos, puede decidir contactarlos usted mismo y mostrarles su blog o sitio web. Después de recibir una respuesta, puede hojear todos los importantes.

Tal vez ha visto algunos sitios web de negocios y se pregunta a quién recurrir. Puede decidir seleccionar 5 o 6 de ellos y pasar al siguiente paso.

Lo primero que debe hacer es visitar el sitio web para navegar. ¿Es fácil encontrar los productos en los que sus visitantes estarán interesados y qué tan fácil es completar la compra una vez que el enlace de afiliado lleva al lector al producto?

Esto es importante porque debe creer en el sitio web usted mismo antes de decidir alojarlos para otros. Tendrá que ponerse en el lugar de los demás solo para tener la oportunidad de mirar su blog desde la perspectiva de un tercero. Para esto, debe comprender cómo funciona el sitio web afiliado.

Una forma de verificarlo es hacer un pedido en el sitio usted mismo, para que pueda ver el proceso de compra en nombre de sus visitantes. ¿El proceso de navegación es sencillo al agregar el artículo a su cesta virtual? ¿Es posible editar los artículos presentes en su carrito? ¿Se puede aumentar o disminuir el volumen de los productos fácilmente? ¿Tiene una opción para agregar un código de cupón? ¿Es posible canjear puntos? ¿Qué pasa con el proceso de pago? ¿El sitio acepta PayPal?

Muchos compradores en línea desconfían del uso de tarjetas de crédito en línea y prefieren la velocidad, la simplicidad y la seguridad de pagar a través de PayPal. Y vale la pena devolver un artículo para que pueda consultar sus estándares de servicio al cliente. Al colocar enlaces de afiliados en su sitio, está respaldando de manera efectiva la compañía y sus productos a sus seguidores, por lo que debe saber que recibirán un buen servicio.

¿Imagina lo que sucedería si comienza a poner enlaces a sitios web que son un poco difíciles de navegar o el proceso de compra es complicado? La gente no estará interesada en hacer clic en los enlaces y es posible que la compañía no obtenga tantos éxitos como sea necesario.

Una vez que haya revisado ese lado del negocio y esté completamente satisfecho con lo que tiene, es hora de hablar con alguien sobre convertirse en afiliado, para que cualquier consulta que tenga pueda ser atendida antes de comprometerse.

Asegúrese de tener todo resuelto y anote las preguntas en términos de importancia y prioridad. Una vez ordenado, comience a preguntarles uno por uno si es un chat telefónico o también puede enviarles un correo con todas sus consultas. Recuerde, nunca es una mala idea estar bien informado sobre algo. Al fin y al cabo, usted está alojando su sitio web y es mejor que le den respuestas a todo lo que desea saber. Es posible que les tome algún tiempo comunicarse con usted y puede darles un par de días para analizar todas sus preguntas y responderlas una por una.

Si no hay nadie disponible para usted, o si le hacen esperar durante varios días una respuesta, tal vez debería seguir buscando. Después de todo, si no pueden hacer el esfuerzo de responder sus consultas antes de que se convierta en socio, no es probable que lo hagan una vez que se haya unido al programa. Por lo tanto, no siga esperando a alguien que no quiera responderle, incluso si le responden algo como "perdón por el retraso, lo lamentamos".

Capítulo 6: *Marketing* de Afiliación a Través de Redes Sociales

El *marketing* de afiliación a través de las diversas redes sociales es, quizás, la forma más divertida y, por supuesto, una excelente manera de aumentar las ganancias. Trabajar como afiliado le permite comenzar a ganar dinero de inmediato sin las molestias asociadas con la creación, empaque y publicidad de un producto por su cuenta.

El *marketing* de afiliación a través de las redes sociales le permite aprovechar la buena voluntad de sus amigos, familiares y seguidores para obtener mucho tráfico y ventas, lo que a su vez le dará un buen dinero. Este capítulo le ofrece información sobre cómo usar sus plataformas de redes sociales para aumentar los ingresos de los afiliados.

Crear un enlace de redireccionamiento para el afiliado – En lugar de incrustar un enlace sin formato (que muy pocas personas estarán interesadas en hacer clic) en su página de FB, cree e inserte un enlace de redireccionamiento que llevará al visitante al sitio del anunciante.

Contenido de calidad – Como en el caso de su blog, aquí también, cree primero contenido de calidad. Esto atraerá a más visitantes a su página y el aumento del tráfico se puede redirigir a enlaces de afiliados. Una historia convincente equipada con un enlace al final es un ganador seguro. El contenido que cree podría adoptar cualquier forma: una publicación de blog, una publicación de Facebook, un video de YouTube, un pódcast y más.

Asegúrese de tener imágenes de los productos que está promocionando – Un regalo visual siempre es mejor recordado y retenido por el cerebro humano que el simple texto, incluso si el texto es muy convincente. Asegúrese de tener una imagen o un enlace a la imagen del producto para aumentar las posibilidades de que la venta se cierre con éxito.

Cree y haga crecer su lista de correo electrónico a partir de sus conexiones de redes sociales – Un aspecto crítico a tener en cuenta aquí es que los sitios de redes sociales funcionan como afiliados y, por lo tanto, si usa agresivamente esa plataforma para aumentar sus ingresos de afiliados, podría ser expulsado. Teniendo esto en cuenta, puede crear y hacer crecer una lista de correo electrónico a partir de sus contactos y conexiones de redes sociales y luego enviar sus enlaces de afiliados por correo electrónico. Esto lo ayudará a mitigar el riesgo de "prohibición" y le permitirá avanzar hacia compradores genuinamente interesados de los productos y servicios que está promocionando.

Promocione solo ofertas genuinas y de buena calidad – Tenga cuidado con el fraude y las ofertas baratas y promocione solo las realmente buenas. Esta actitud le hace feliz a usted y a sus conexiones sociales; estará feliz de que le paguen bien por medio de comisiones saludables y sus amigos estarán felices de tener acceso a una gran oferta.

Aproveche el poder de los correos electrónicos de respuesta automática – Las herramientas de respuesta automática como Aweber son inventos poderosos que son extremadamente útiles para los afiliados. Puede configurar la respuesta automática para que envíe 7 correos electrónicos (uno cada día durante los primeros 7 días) después de que una nueva persona se conecte con usted. Estos correos electrónicos pueden ser cualquier correo de valor agregado, como cursos electrónicos y materiales de estudio que sean relevantes para el suscriptor. Esta oferta de valor agregado hará que la persona sea su fanático de por vida y él o ella estarán más inclinados a hacer clic en los enlaces de afiliados que les envíe o integrar en su página de redes sociales.

Las estrategias anteriores son excelentes maneras de aumentar su base de seguidores en las redes sociales y luego aprovechar esa gran base para generar ventas y clientes potenciales bajo su programa de *marketing* de afiliación. Las redes sociales llegan a todos los rincones del mundo y sería una locura no aprovechar este gran alcance y buscar oportunidades de negocio sin explotar.

Capítulo 7: Estafas de Marketing de Afiliación

Como novato en el campo altamente desafiante del *marketing* de afiliación, es extremadamente importante que no caiga en estafas y redes y anunciantes fraudulentos. El campo del *marketing* de afiliación per se es muy legítimo, pero como cualquier otra industria, es propenso al mal uso por parte de traficantes y estafadores que buscan dinero rápido. Estas son algunas de las estafas comunes que seguramente encontrará a medida que aprende las cuerdas del *marketing* de afiliación.

Programas de entrenamiento fraudulentos – Como todos los novatos en cualquier campo, querer asistir a un curso es algo común que le gustaría hacer antes de sumergirse en el juego. Habrá cientos de entidades que le prometerán el cielo y la tierra y le dirán que tienen una varita mágica para hacerle rico de la noche a la mañana con el *marketing* de afiliación.

No caiga en trucos tan baratos. Lo más probable es que sean personas que esperan ganar dinero rápido dándole material que tiene poca o ninguna sustancia real. Simplemente perderá el dinero que pagó para unirse al curso. Verifique, descubra más, pregunte a las personas que han realizado el curso antes, y solo entonces realice el pago de la tarifa y complete la capacitación.

Obtenga Ofertas Valiosas Durante la Noche – Hay cientos de correos fraudulentos que le prometen entre $2.000 y $10.000 en una semana trabajando por solo 2-3 horas al día. Una vez más, tenga cuidado con tales trucos de *marketing*. Sabe que no puede ser verdad. Si fuera cierto, habría una gran línea de aspirantes y este tipo de proyecto (si es cierto) nunca necesitaría una estrategia de *marketing*. Se vendería por sí solo. Por el contrario, tales escenarios "demasiado buenos para ser verdad" idealmente se mantendrían en secreto.

No existe tal cosa en un programa de *marketing* de afiliación legítimo. Implica todo el trabajo arduo y la diligencia que ya se detallan en este libro y nada menos para lograr el éxito del programa y ganar regularmente una cantidad decente de dinero.

Ningún Servicio o Producto para Vender – Estas ofertas son completamente fraudulentas. Si alguien está dispuesto a desembolsar dinero sin querer nada a cambio, debe saber que es un fraude directo. Estas aparentes "oportunidades de negocios" están estructuradas como una pirámide donde el dinero simplemente se transfiere y no hay nadie que realmente gane dinero. No solo perderá su inversión, sino que también sepa que tales esquemas son totalmente ilegales.

Programas que necesitan que realice un pago inicial – Todos los programas de afiliación legítimos son completamente gratuitos. Si alguien solicita el pago inicial, entonces tenga mucho cuidado y usted debe evitar totalmente a esa persona y/o correo electrónico.

Estafas basadas en nombres de Dominio – Aquí también hay varios correos electrónicos que le cuentan la siguiente historia: Los estafadores pueden ver en algunos registros sin nombre o con nombres elegantes que xyz.com está registrado a su nombre y en otra persona en el país de origen de esta estafa (generalmente China) quiere registrar su nombre de dominio como xyz.cn. ¡Para proteger sus intereses comerciales, querrán que envíe algo de dinero y luego todos los pagos relacionados con xyz.cn también se dirigirán a usted!

Esto es basura absoluta; no caiga en la trampa. ¡Si envía ese pago inicial, puede decirle adiós para siempre a su dinero, porque si se da cuenta, usted nunca tuvo el nombre de dominio xyz.com!

Evite todos estos tipos de estafas haciendo la debida diligencia. Pregunte, busque en Google, busque el sitio web de la compañía que le está vendiendo estos programas y, finalmente, si es demasiado bueno para ser verdad y definitivamente no es cierto. ¡No se deje engañar y manténgase alejado!

Recuerde que mientras haya personas para engañar y burlarse, ¡habrá personas engañando y burlándose y haciendo dinero rápido haciendo trampa! No sea uno de los que caen en este tipo de dinero "fácil" rápido y sin pensar.

Capítulo 8: *Marketing* de Afiliación sin una Página Web

Una de las formas más comunes en las que puede lanzarse al mundo del *marketing* de afiliación es mediante la creación de un sitio web. Y si usted está en él a largo plazo, entonces será mejor para su negocio que cree una página web.

Sin embargo, si todavía está en la etapa de aprender sobre diseño web o si está entre aquellos que no están interesados en crear un sitio web, pero todavía quieren ser parte del *marketing* de afiliación, no se preocupen porque hay una solución fácil para este problema. Y en este capítulo, aprenderá sobre las diversas formas en que puede comenzar con el *marketing* de afiliación sin el uso de un sitio web.

Recuerde que el objetivo principal del *marketing* de afiliación es proporcionarle una forma de poner su enlace de afiliado frente al público objetivo. Como se mencionó anteriormente, la construcción de un sitio web es el enfoque más comúnmente adoptado. Pero, de nuevo, el camino por el que opta depende completamente de usted. Con este objetivo básico en mente, veamos varios métodos que puede usar para obtener su enlace de afiliado al público objetivo.

Anuncios y Comentarios

Puede usar sitios clasificados para promocionar su producto afiliado. Ya debe estar familiarizado con sitios web como Craigslist, eBay, etc. para buscar cualquier producto que desee. Lo mismo puede usarse para promocionar su producto afiliado también. Puede escribir anuncios o incluso reseñas sobre sus productos afiliados y luego publicarlos junto con el enlace del afiliado.

153

Marketing *Viral*

El *marketing* viral significa difundir la conciencia sobre algo muy rápidamente. Entonces, para hacer esto, necesitará encontrar un producto que pueda volverse viral en línea. Un producto viral es un producto que se ha creado con la intención específica de difundirlo rápidamente a un gran número de personas. Esta es una de las formas más rápidas para llamar la atención sobre su producto.

Quizás lo que pueda hacer es escribir un eBook muy corto, preferiblemente de menos de 30 páginas o incluso un informe sobre un tema en particular que le interese, y luego insertar los enlaces a sus productos afiliados. Luego puede distribuirlo a la audiencia utilizando el medio que tenga en mente. Puede venderlo, publicarlo en otros sitios web o incluso informar casualmente a las personas que pueden comprarlo. Para empezar, puede comenzar a vender este libro electrónico en eBay por un precio nominal. Asegúrese de que cualquier cosa sobre la que esté escribiendo sea realmente informativa y útil. Nadie querría pasar por un documento lleno de enlaces de afiliados.

Pago por Clic (PPC)

Este no es un método que vendría según lo recomendado. En este método, deberá crear una gran cantidad de campañas de pago por clic o PPC utilizando motores de búsqueda como Google, Yahoo, Bing, etc. y luego tendrá que promocionar el sitio web del comerciante haciendo uso de su enlace de afiliado. Por lo tanto, este no es un método sencillo porque, en lugar de utilizar directamente PPC para promocionar su propio enlace de afiliado, enviará todo esto a su comerciante.

Hay dos cosas que deberá saber antes de seleccionar esta opción. Puede suceder que el sitio web del comerciante no acepte su enlace de afiliado. Tendrá que competir con otros anunciantes por el espacio disponible. Y bien podría olvidarse de su anuncio si no está bien escrito y no es atractivo y no solo esto, sino que incluso tendrá que ofrecer una cantidad más alta que el resto. Y el segundo aspecto es que no tendrá control de calidad sobre la página del comerciante. Si el sitio web del comerciante no tiene el contenido adecuado o es de baja calidad, entonces probablemente terminará pagando una suma mayor de la necesaria.

Blogs y Foros

Todo lo que tiene que hacer es concentrarse en un producto que le interese y quiera promocionar, luego comience a comercializar este producto publicando sobre él en varios foros y blogs. La pregunta es cómo dirigir a los usuarios a su enlace de afiliado. Bueno, la respuesta es bastante simple porque todo lo que tiene que hacer es usar su enlace de afiliado como su firma. Si se hace miembro activo en cualquier foro y tiene seguidores, esto será una ventaja adicional. Pero, de nuevo, debe tener cuidado con el tipo de blogs y foros en los que decide publicar sus productos. Debe publicar en blogs y foros que aborden un tema complementario a su propio producto o, al menos, de forma similar a lo que está promocionando. Si desea comercializar un producto afiliado a la moda, entonces es posible que no encuentre seguidores entusiastas en un foro destinado a piezas de automóviles.

En la misma línea de pensamiento, si está realmente interesado en hacer un gran impacto en cualquier foro público, entonces deberá tener cuidado con el contenido que está publicando. Asegúrese de que el contenido no solo sea interesante sino también útil. Intente convertirse en un miembro activo del foro. Y una vez que haya logrado establecerse y atraído la atención de los demás, un mayor número de usuarios querrá visitar su enlace. Y también

155

recuerde mantener cierta etiqueta al publicar en línea. No envíe correos no deseados al blog o al foro con publicaciones innecesarias, ya que esto podría ocasionar que lo expulsen del foro o que sus publicaciones se eliminen.

YouTube

YouTube es una de las formas más populares en las que puede transmitir su mensaje a literalmente millones de usuarios en muy poco tiempo. YouTube tiene casi mil millones de visitantes cada mes. Eso es simplemente increíble y podría usarlo para su ventaja. Todo lo que necesita es una cámara web, una idea innovadora e internet. Estas tres cosas son más que suficientes para comenzar su propio canal en YouTube. Puede insertar sus enlaces de afiliado en la descripción de su canal e incluso en sus videos. De esta manera, podrá convertir a sus seguidores en usuarios afiliados y esto generará ganancias para usted.

Seleccione un nicho en el que esté interesado, y una vez que lo haya decidido, puede comenzar una serie de videos sobre él y puede insertar sus enlaces de afiliados en él. Los espectadores ya estarían interesados en la serie de videos creada por usted y, por esta razón, es probable que incluso tengan curiosidad sobre el producto afiliado que está promocionando.

Hay dos reglas y debe cumplirlas si desea utilizar este método con éxito. La primera regla es que el contenido que está publicando debe proporcionar a los espectadores algún valor y la ganancia monetaria para usted debe ser un objetivo secundario. Si comienza la serie con solo el aspecto monetario en su mente y desea ganar dinero con su enlace, entonces este comportamiento lo incluirá en la lista de correo no deseado y todo el trabajo duro que le dedique será inútil. Si lo que ha producido es significativo e interesante, entonces aumentarán las posibilidades de llamar la atención e incluso el respeto de los posibles usuarios. La segunda regla es que no cree algo que sea engañoso. Estaría violando las políticas de YouTube si el video que ha publicado no está relacionado con el enlace o incluso si el título o la descripción son engañosos. Esto es algo que querrá evitar.

El video *marketing* en YouTube es fácil, pero si no tiene cuidado, puede ser bastante arriesgado. Es muy probable que los enlaces de afiliados puedan ser marcados como correo no deseado. Así que, la mejor manera de evitar esto es ser honesto y útil. Asegúrese de tener controles de calidad y que el contenido sea significativo. No permita ningún comportamiento que pueda aparecer como correo no deseado. Si está interesado en la nutrición, podría tener videos instructivos relacionados con la cocina o incluso podría tener discusiones relacionadas con este tema. Cualquier cosa que pueda resultar útil para los espectadores es la mejor manera de llamar la atención.

Hay algunas precauciones que puede tomar para asegurarse de que sus videos no aparezcan como correo no deseado. Lo primero que puede hacer es no incluir demasiados enlaces de afiliados en su video. Es mejor incluir un enlace en su descripción y otro en el video, siempre que sea relevante. Lo segundo que puede hacer es mencionar que el enlace es un enlace afiliado o que usted es un afiliado. También puede contactar a YouTube para asegurarse de que no tiene ningún problema. Si ha logrado adquirir una audiencia valiosa, esto significa que aumentará la posibilidad de ganar dinero con los enlaces de sus afiliados.

Hub
Un Hub es como una miniatura de un sitio web, es solo una página. Entonces, en esta página, puede hablar sobre cualquier cosa que le interese. Puede basar su contenido en el mercado

de afiliados y productos relacionados que le interesen.

Su Hub se publicará en el sitio de HubPages y está perfectamente bien incluso si no tiene ningún conocimiento sobre diseño web. Todavía puede hacer que se vea decente y profesional. La ventaja de hacer uso de Hub es que no tiene que codificar la página en HTML. Puede crear la página sobre cualquier tema que le interese. Puede insertar varios anuncios, reseñas o cualquier otro contenido que desee.

Otra buena característica de esto es que es incluso una plataforma de redes sociales. Incluso estando simplemente presente en HubPages, puede atraer tráfico hacia los temas que le interesan.

Conclusión

El *marketing* de afiliación está aquí para quedarse y con la intención de ser accionista en este campo bastante interesante y lucrativo, debe esforzarse por adquirir las habilidades adecuadas, conocer la información correcta y comprender cómo implementar su aprendizaje con prudencia antes de sumergirse.

Es una gran oportunidad de carrera para aquellos que han logrado romper el código y han hecho esfuerzos sostenidos y persistentes sin desmoralizarse por los contratiempos iniciales. Hacer una entrada en este entorno desafiante, obtener ese primer pequeño descanso, codificar y decodificar grandes cantidades de datos e información para aprovechar a su favor, y lo más importante, una disposición a aprender de sus fallas; todo esto requiere mucho trabajo duro, diligencia y compromiso de su parte.

Sí, es un gran desafío a superar; pero una vez hecho, las oportunidades son ilimitadas. Animado por este conocimiento, espero que aproveche esta oportunidad para mejorar sus ganancias.

Y finalmente, no caiga en estafas y trampas. Piense antes de saltar; use el sentido común y evite cosas que no tienen sentido. Hay cientos de formas legítimas de ganar dinero con el *marketing* de afiliación. Aunque el proceso de instalación y mantenimiento puede parecer difícil, es muy posible que su empresa sea un éxito.

Hay muchas personas que ganan grandes cantidades de dinero. Sígalos; motívese por ellos y encuentre el coraje para comenzar. De hecho, creo que las oportunidades de negocios de *marketing* de afiliación si se aprovechan bien pueden ser un legado para dejar a su futura generación.

¡Gracias nuevamente por comprar este libro!

Espero que pueda ayudarlo a comenzar el emocionante y lucrativo viaje del *marketing* de afiliación. El siguiente paso para usted es comenzar a implementar su aprendizaje y establecer tareas que deben revisarse regularmente para ver si está siguiendo el camino correcto.

MUCHAS GRACIAS :)

www.ingramcontent.com/pod-product-compliance
Lightning Source LLC
Chambersburg PA
CBHW071647210326
41597CB00017B/2144